Kindle direkt

Joachim Schroetter

ISBN:979875263519

Der Auftrag

Das Requiem

Wolfgang Zart, war ein begnadeter Musiker und ein erfolgreicher Komponist. Er wohnte in Wien, wo er am hiesigen Theater Kapellmeister war. Er hieß nicht nur Zart, sondern war von schmächtiger, zarter Gestalt, war verheiratet und hatte zwei Kinder. Er hatte etwas vorstehende, stierend wirkende Augen. Er spielte gern Karten und wenn er nicht gerade komponierte Billard, aß gerne Kapaun und liebte Moselwein.

Wenn er Geld besaß, ließ es richtig krachen, zum Leidwesen seiner Frau. Er konnte nicht mit Geld umgehen und kam mehrfach in finanzielle Schwierigkeiten. Wie gewonnen, so zerronnen.

Er war immer zu Späßen aufgelegt. Ob er christlich war, ist schwer zu beurteilen das spielt hier auch keine Rolle.

Seine Frau nannte ihn Wolfi, aber seine Eltern hatten ihn neben Wolfgang und Amadeus weitere, altmodisch klingende Vornamen gegeben. Er selbst nannte sich aber meist selbst „Amade" und unterschrieb auch meistens seine Briefe so. Oder er machte sich eine Spielerei und verdrehte seiner Namen in „Traz". Ferner entwickelte er eine Art Geheimsprache. Nicht jeder sollte den Inhalt seiner Briefe lesen können.

Während seines bedeutenden Künstlerlebens hatte bereits mehrere Musicals, Schlager und Volksmusikstücke mit großem Erfolg komponiert, trotzdem hatte er es als Musikvirtuose schwer, den Lebensunterhalt für seine Familie zu verdienen. Auch die Miete aufzubringen, war jeden Monat eine neue Herausforderung.

Er war oft auf Gönner angewiesen, die ihn

einen Auftrag erteilten. Er mochte sie allerdings nicht sonderlich. Sie waren in seinen Augen reiche Stümper, die nichts gelernt hätten. Seiner Musik merkte man seine Sorgen nicht an. Meist war sie heiter und überschwänglich. Voll Lebensfreude. So hatte es jedenfalls den Anschein.

Der Musik lag ein besonderer Zauber inne, der wohltuend, und schwer zu beschreiben ist. Irgendwie machte die Musik die Menschen froh und vertrieb oft die trüben Alltagswolken.

Trotz der eigentlich guten Auftragslage war in der Kasse mal wieder Ebbe, es musste schnell ein neuer, lukrativer Auftrag her.

Es war sehr erstaunlich, dass er solche Aufträge innerhalb kurzer Zeit, zur vollsten Zufriedenheit seiner Auftraggeber erledigte und die Musik trotzdem eine hohe Qualität besaß. Nichts deutete darauf hin und schmälerte die Qualität, dass die Musik unter Eile komponiert wäre. Er brachte sich oft selbst in Zeitnot, weil er zu viele Aufträge annahm und nicht mehr Herr darüber wurde. Zwischen den sog. Auftragswerken und den anderen Kompositionen bestand in der Qualität kein Unterschied. Es hatte sich zwischenzeitlich herumgesprochen, dass Zart, gute Qualität abliefern würde. Das hatte sich schnell rumgesprochen.

Bereits in jungen Jahren wurde ihm von seinem Vater Leopold viel abverlangt. Der Vater selbst Komponist der Vorklassik und Wiener Klassik erkannte schon früh das außergewöhnliche Talent seines Sohnes, der später die Wiener Klassik zu ihrer Blütezeit führte.

Als Wolfgang drei Jahren alt war, erkannte sein Vater Leopold, bereits sein außergewöhnliches, musikalisches Talent, von Wolfgang-Amadeus. Mit vier Jahren unterrichtete der Vater, ihn bereits am Klavier. Wolfgang Amadeus wurde zum Starr getrimmt. Der Vater versprach sich dadurch Einnahmen für die Familie.

Wunderkinder haben es schwer.

Seine außergewöhnliche, schnelle und geistige Auffassungsgabe, verbunden mit einer verblüffenden, musikalischen Leichtigkeit und Harmonie, sowie sein ausgeprägtes autodidaktisches Potenzial, brachte ihm schnell den Ruf eines Wunderkindes ein.

Die Bezeichnung „Wunderkind" oder „Superstar", behagte Wolfgang gar nicht. Er litt darunter. Er wäre lieber ein normaler Junge gewesen, der mit den Kameraden Fußball spielen könnte, das kann man aus den Briefen entnehmen.

Aber der Vater hatte andere Pläne und vermarktete seinen Sohn, zielgerichtet als Wunderkind. Das sicherte das Einkommen der Familie und ließ für Sentimentalitäten keinen Raum.

Wolfgang wurde, ohne gefragt zu werden, kontinuierlich zu einem Musikstar.

Mit fünf Jahren komponierte er bereits eigene Konzertstücke. Mit noch nicht mal sechs Jahren ging er mit dem Vater und seiner Schwester auf die erste Tournee. Damals wohnte die Familie noch in Zuckerberg in Österreich, wo Wolfgang auch geboren wurde.

Die Supererfolge, die Wolfgang hatte, waren nicht gerade hilfreich für seine spätere kindliche Entwicklung, wie sich später zeigte. Er musste die kindliche Sandkastenphase, aufgrund der Pläne des Vaters überspringen. Diese nicht kindgerechte Entwicklung zeigte sich besonders in seinem Verhalten gegenüber anderen Personen oft besonders krass, indem er Personen verspottete und ihnen kaum Empathie entgegenbrachte.

Auch seine Umgangssprache war oft sehr verletzend. So hatte er es neben seinem unvergleichlichen Talent als Musiker und Komponist schwer, in der Gesellschaft voll anerkannt, zu werden. In der Gesellschaft, die er für sein Fortkommen und zur Sicherung seines Lebensunterhalts, von großer Bedeutung war.

Er suchte oft die Provokation, denn „er" war

ein Wunderkomponist, genial und fast gottähnlich. Niemand konnte ihm das Wasser reichen und mit vielen auch älteren Komponisten ging er oft, sehr rüde um, stellte sie bloß kritisierte oft ungerecht und war anmaßend und hochnäsig. Das war ein Teil seiner Art.

Seine Frau, Constanze, rügte in deshalb oft, er sollte es sich nicht mit dem einen oder anderen verderben, denn er bräuchte sie noch. Er war halt oft sehr oberflächlich, in seiner Musik allerdings nie.

Erfolge können süchtig machen. Süchtig nach noch mehr Erfolg, nach noch mehr Anerkennung nach mehr Geld, nach einem sorgenfreien Leben und nach Unabhängigkeit. Sucht hat viele Gesichter und tritt in vielen Gestalten und Formen auf. Oft schleichend und unerkannt.

Man merkt die Gefahren oft erst, wenn es schon zu spät ist. Wolfgang durfte sich nicht übernehmen, er hatte eine brüchige, schwächliche körperliche Konstitution, die

Constanze ständig Sorgen bereitete.

Wenn man Wolfgang charakterisieren wollte, konnte man ohne weiteres davon sprechen, dass er süchtig war. Süchtig nach Musik, die er komponiert hatte und süchtig nach Erfolg. Rastlos drehte sich sein ganzes Leben nur um die Musik, die er bis zur Vollendung beherrschen wollte. Er war ein Musikfanatiker und Perfektionist zugleich. Darunter litt sein Umfeld.

Wie ein Raucher nicht von seinem Glimmstängel und ein Trinker nicht vom Alkohol lassen können, so wenig konnte Wolfgang von der Musik lassen. Wie der Raucher das Nikotin einsog, so sehr lechzte seine Seele nach der Vollendung seiner Tonkunst. Er befand sich mittlerweile in einer Scheinwelt, wo es nichts anderes als die Musik gab.

Er arbeitete manchmal nächtelang und verbrauchte dabei große Mengen an Notenpapier und viel Weißwein, ohne dass etwas musikalisch Verwertbares dabei herauskam. Das verursachte hohe Kosten, Wein und Notenpapier waren teuer. Überhaupt schien das Leben teuer und kostspielig. Man leistete sich etwas und lebte kurz wie die Fürsten, wenn Geld im Hause war. Sonst ging es eher karg zu. Weder er noch seine Frau, konnten wirtschaftlich mit Geld umgehen. Wie geronnen, so zerronnen.

Trotz aller äußeren Umstände und Widrigkeiten stellte er an sich persönlich sehr hohe Ansprüche und unternahm immer neue Versuche, seiner Vollkommenheit in der Musik näher zu kommen. Dabei orientierte er sich nicht am Allgemeinen, sondern nur am Besonderen, so wie es ihm der Vater immer wieder eingebläut hatte.
Er war in der Lage, ein Musikstück nach nur einmaligem Hören aus dem Kopf, fehlerfrei zu Papier zu bringen. Über dieses Talent verfügte nur er und brachte ihn hohe fachliche Anerkennung ein.
Man hätte den Eindruck haben können Wolfgang, wolle "gottähnlich" sein. Wenn

man seine Musik genoss, hätte man es meinen können. Es war himmlisch. Wer mit solchen außergewöhnlichen Talenten ausgestattet muss als Gott fühlen.

Der Vater war in der Zwischenzeit gestorben und es fiel ihm im Anfang gar nicht leicht, ohne die Anleitung, die Hilfe und den Druck des Vaters, allein zurechtzukommen. Die Dominanz des Vaters hatte ihn anfänglich doch sehr hilflos gemacht. Nun musst du auf eigenen Füßen stehen, überlegte er. Das würde ihm nicht leichtfallen, denn der Vater war der bessere Diplomat und Kaufmann, das merkte er nun deutlich.

Unter dem zwanghaften Drang, nach ständiger Perfektion seiner Musik litt oft der Hausfrieden, wenn er nervös und unbeherrscht, die durch ihn zerknüllten Notenblätter auf den Boden warf und nicht anzusprechen war, und zu viel Alkohol zu sich genommen hatte.

Er lebte mit seiner Frau Constanze und den beiden Kindern in einer Mietwohnung in

Wien und hatte oft Mühe, den Mietzins rechtzeitig zu bezahlen.

Constanze war die jüngere Schwester der Sängerin Aloisia Weber und war die perfekte Lebenspartnerin für Wolfgang. Mehrere ihrer Kinder waren relativ schnell nach der Geburt gestorben, es lebten nur noch die beiden Buben. Sechsmal war sie schwanger, was ihre Kräfte stark beanspruchte und sie oft ans Bett fesselte. Nur Karl-Thomas und Franz Xaver Wolfgang blieben am Leben. Im Grunde begrüßte sie

Die Familie war vor einiger Zeit von Zuckerberg nach Wien gezogen, weil Wolfgang meinte, hier als Komponist und Musikpädagoge erfolgreicher sein zu können als in Zuckerburg. Er liebte Zuckerberg nicht sonderlich. Die Stadt und das Umfeld waren ihm zu spießig, zu kleinbürgerlich und seiner Musik nicht würdig. Ferner hatte er sich damals mit dem Fürst-Erzbischof von Zuckerberg überworfen und sah in Zuckerberg, keine gedeihliche Zukunft mehr.

Er wollte den Fesseln seiner Geburtsstadt entfliehen.

Die Musikstücke, die er komponierte, sollten möglichst gewinnbringend verkauft werden.

Der Verkaufserlös war die einzige Einnahmequelle im Hause Zart.

Herrn Zarts begabter Schüler Bittermüller sprach immer von „Produzieren", der Meister hat ein neues Werk "produziert."

Wolfgang mochte es nicht, wenn Bittermüller von „Produzieren" sprach. Seine Musik konnte man nicht produzieren, wie ein Stuhlbein. Das war für ihn eine zu profane Bezeichnung, für ein Kunstwerk. Er schuf etwas, etwas Gottähnliches und nichts, was man als Massenware kaufen könnte.

Niemand könnte auch nur annähernd, solche Werke komponieren.

Trotz der vielen bemerkenswerten Erfolge lebte die Familie immer noch in bescheidenen Verhältnissen. Das Geld reichte gerade immer so aus. Die Familie lebte von der Hand in den Mund und musste auch Schulden *machen! Und davon wusste Konstanze nichts, dass ihr Mann Spielschulden hatte. Das Geld war immer weg. Mit den Spielgläubigern, die ihr Geld haben wollten, war nicht zu spaßen. Davon hatte seine treusorgende Ehefrau keine Ahnung. Die Geldreserven waren fast immer aufgebraucht.*

Deshalb gab Wolfgang erneut eine Anzeige in der Tageszeitung auf, in der er sich als Musikpädagoge andiente und sich davon versprach, dass sich bald ein Zahlungskräftiger melden würde, um seine Dienste in Anspruch zu nehmen.

Schon lange hatte Constanze für Ihre Geduld, die sie mit ihm hatte und Aufopferung, ein neues Kleid verdient. Auch die Kinder brauchten neue Kleidung und neue Schuhe, und wenn es noch reichen würde, sollten sie auch etwas zum Spielen bekommen.

Schon lange hatte sie sich etwas zum Spielen gewünscht. Vielleicht auch für den Älteren eine Kindergeige. Wenn noch etwas übrigblieb, wollte er sich eine frische Dose Schnupftabak kaufen.

Er fühlte sich in letzter Zeit nicht recht wohl. Ein neuer Auftrag würde die finanzielle Situation spürbar und auch wohl sein Befinden verbessern. Er hatte auch Schulden in seiner Stammkneipe, davon wusste Constanze auch nichts. Oft ließ es sich dort bei Wein und Essen gutgehen.

Obwohl Wolfgang mit diesen „Kunstbanausen" und „Geldsäcke", wie er seine Auftraggeber oft nannte, eigentlich nichts zu tun haben wollte, weil sie seine Musik nicht verstanden und nicht zu schätzen wussten und er mit Ihnen, wegen Ihres mangelnden Kunst-verständnisses oft haderte, war er doch auf fatale Weise, finanziell auf sie angewiesen. Er konnte nicht wählerisch sein, er musste mit den Wölfen tanzen, obwohl sie seiner Musik nicht würdig waren.

Darüber hinaus hatte er bei seinem Freund und Gönner **Michael Puchbach** Schulden, die *er irgendwann mal zurückzahlen musste. Puchbach nahm zwar keine Zinsen, aber dennoch belastete es Wolfgang, ihn immer wieder anpumpen zu müssen.*

Darüber hinaus hatte er, bei einem Zinswucherer, einen Dispositionskredit aufgenommen und zahlte dafür Wucherzinsen. Und kam so, immer mehr in den Sprudel der Schuldner. Das machte ihn nervös und hemmte seine kreativen Einfälle und Ideen.

Er hatte keine Wahl und musste jeden Auftrag annehmen, der hereinkam.
Er besaß ein geniales Musikverständnis und musste sich stets mit Äußerungen, die das Geschäft gefährden könnten, zurückhalten, obwohl er es gerne getan hätte. Als Tonkünstler konnte er nicht wählerisch sein, er musste sich anpassen, obwohl er manchmal am liebsten den borniertem Auftraggebern die Noten vor die Füße geworfen hätte.

Die Angebote und Anfragen erreichten ihn

mit der Post, als Fax oder als E-Mail. Selten bemühten sich die Auftraggeber persönlich zu ihm.

Deshalb wunderte er sich auch nicht, als es zur vertrauten Zeit an der Tür klingelte, und ihm der Briefträger, nachdem er geöffnet hatte, einen Einschreibebrief übergab, den er quittieren sollte.
Gedankenversunken schloss er die Tür und betrachtete den Brief, auf dem ein Trauerrand zu erkennen war.
Wolfgang erschrak, wer in aller Welt teilt mir eine Todesnachricht in einem Einschreibebrief mit Rückschein mit.
Seltsam."

Voller Spannung und innerer Erwartung riss er das Kuvert auf und entnahm die handschriftliche Nachricht. Es handelte sich nicht, um eine Todesanzeige der üblichen Art, wie er jetzt erkannte, sondern um einen Auftrag, den er auf diese doch ungewöhnliche Weise erhalten hatte. Was soll das, schoss es ihm durch den Kopf.

Ein anonymer Auftraggeber teilte schriftlich mit: „Hiermit bestelle ich bei Ihnen eine Totenmesse. Mein Gesandter wird bei Ihnen in den nächsten Tagen vorsprechen und die Einzelheiten, meine Wünsche und das Honorar festlegen. Da mir an der Seelenmesse persönlich sehr viel gelegen ist, können Sie die Höhe des Honorars nach eigenem Gutdünken bestimmen."

„Eine Totenmesse", durchzuckte es Wolfgang.

Schweißperlen standen ihm auf der Stirn, seine Hände zitterten, das Gesicht war fahl. Er fühlte sich augenblicklich übel und er wurde von Krämpfen geschüttelt.

Was soll das nur, erlaubt sich hier jemand einen üblen Scherz oder träume ich. Die ganze Angelegenheit wollte er im Moment einfach vergessen, ging früh ins Bett und schlief sofort ein und träumte.

Er ging im Traum in einem Park spazieren und wollte an der frischen Waldluft seine Gedanken ordnen und über den seltsamen

Auftrag nachdenken, als er plötzlich von harten Gegenständen am Kopf getroffen wurde. Ehe er wusste, wie ihm eigentlich geschehen war, traf ihn ein zweiter und dritter Gegenstand am Kopf. Er taumelte und hielt sich im letzten Augenblick, bevor er stürzen würde an einem Baum fest. Er merkte, wie warmes

Blut, auf beiden Seiten über seine Wangen herunterfloss.

Er konnte das Blut nun erkennen, das langsam zu Boden tropfte und dort eine rote Formation bildete, was ein Buchstabe hätte sein können. Er konnte es aber nicht richtig erkennen. Eine Botschaft. Ein Hinweis.

Laut schrie er auf und warf sich flach auf den Boden, als er in diesem Moment von einem Schwarm Metallpfeilen, in den Rücken getroffen wurde, die sich durch seine Jacke tief sein Rückenfleisch bohrten und große Schmerzen verursachten.

Wolfgang schrie erneut laut auf und rief:
" Konstanze, Hilfe, so helfe mir doch!

Konstanzeeeee!

Konstanze stürzte ins Schlafzimmer.

„Wach auf Wolfi, du hast einen bösen Traum. Wach auf, es ist alles in Ordnung."

„Traum", sagte Wolfgang sichtlich erleichtert aber noch benommen. „Gott sei Dank nur ein Traum", wiederholte er.

„Ja du hast geträumt und furchtbar geschrien. Hier ist ein Handtuch, wisch dir erst mal den Schweiß ab."

"Was hast du denn geträumt, was dich so erschreckt hat."

„Ich wurde von sonderbaren Gegenständen hart am Kopf und in den Rücken getroffen. Es waren spitze Pfeile und Dreiecke die sich wie scharfe Messer, in mein Fleisch bohrten und starke Blutungen verursachten. Das Gesicht war voll Blut und es tat sehr weh. Das Blut tropfte auf die Erde. Es sah wie ein roter Buchstabe oder nach einem Kreuz aus. Was hat das zu bedeuten. Vielleicht eine

Botschaft.

„Was für Gegenstände."
„Es waren Dreiecke und spitze Zirkel. Die Dreiecke trafen mich am Kopf, die Zirkel in den Rücken. Ich habe solche eigenartigen Gegenstände noch nie gesehen.

„Dreiecke, Zirkel, komisch darauf kann ich mir keinen Reim machen", sagte Sie" versuche jetzt weiter, zu schlafen, vielleicht finden wir morgen eine Erklärung."
Wolfgang schlief wieder ein.

Am nächsten Morgen setzte er sich an den Frühstückstisch, den seine Frau wie immer liebevoll gedeckt hatte. Er hatte jedoch kaum Appetit und auch keine Lust mit Constanze oder den beiden Buden ein Gespräch zu führen, so sehr stand er noch unter dem Eindruck des nächtlichen Erlebnisses.

Stattdessen setzte er sich schweigend ans Klavier und versuchte, etwas Sinnvolles aufs Notenpapier zu schreiben. Aber auch heute ging es nicht recht voran. Seine Gedanken schweiften immer wieder ab. Er musste fortwährend an den seltsamen Brief denken. Unentwegt zerbrach sich den Kopf, wer wohl der Auftraggeber der Messe sei.

Eine Messe in dieser Zeit, Unsinn, ein Schlager ja, ein Musical oder Ähnliches, aber doch keine Messe. Es gab doch genug Totenmessen auf den Musikmarkt, warum noch eine von mir.

Im Übrigen ist mir die Werkstruktur einer Totenmesse nicht vertrat. Ich weiß nicht, wie ich vorgehen soll. Bittermüller muss mir helfen, dachte Wolfgang.

Wolfgang wollte sich nicht mit der klassischen Requiem Struktur befassen. Es widerstrebte ihm, sich mit den lateinischen Begriffen wie: "Recordare", "Tuba mirum ", "Confutatis", ernsthaft auseinander, zu setzen. Warum soll ich mir so etwas antun, überlegte er.

Auch die Struktur und den Ablauf einer Totenmesse war ihm nicht geläufig. Welcher Rhythmus, welche Instrumentalmusik, *welche Liturgie, welche Chöre und Fürbitten, nein lasst mich damit in Ruhe. Damit will ich nichts zu tun haben. Requiem passt doch nicht in die Zeit.*

Aber eigentlich hatte er keine Wahl. Es musste wieder Geld ins Haus kommen und er musste es wohl auf sich nehmen, trotz seines Unbehagens, das ihm schleichend befiel. Noch nie hatte er so ungern einen Auftrag angenommen. Er war nervös, dies bekam Constanze und auch seine Kinder oft zu spüren, wenn er launisch und nicht ansprechbar war, zogen die die beiden Jungs in ihre Spielecke zurück.

Das Klingeln an der Haustür riss ihm aus seinen Gedanken. Er hörte, wie Konstanze durch den Flur in Richtung Haustür eilte. „Einen kleinen Moment bitte", sagte sie, drehte den quietschenden Schlüssel im Eisenschloss um und öffnete die schwere Eichentür, die eine Holzmelodie spielte. Kurz danach stieß einen Schrei aus und schlug die Tür kräftig zu, dass das Glas in der Tür zu zerbersten drohte.

Vor der Tür hatte sie einen korpulenten Mann wahrgenommen, der fast den gesamten Türrahmen mit seinem Körper ausfüllte.

Der Mann war von Kopf bis Fuß schwarz gekleidet und trug eine dunkle Gesichtsmaske, deshalb war sie so erschrocken.

Langsam öffnete sich erneut die Tür und eine Bassstimme sagte: "Ich wollte sie nicht erschrecken gnädige Frau, entschuldigen sie bitte. Ich bin der Gesandte. Mein Herr schickt mich, um die Einzelheiten mit Meister Zart für eine Totenmesse zu besprechen."

„Ja, aber ich habe keine Ahnung", stammelte Constanze mit kreideweißem Gesicht und atmete tief durch.

„Das hat schon seine Richtigkeit", sagte der Mann mit der Maske.

„Würden sie mich bitte jetzt zu Ihrem Mann führen."

„Ja natürlich, bitte treten sie näher. Mein Mann ist im Wohnzimmer."

„Guten Tag Herr Zart, ich komme wegen der Totenmesse", sagte eine feste Stimme.

Wolfgang, der am Klavier saß, drehte sich um und ihm fuhr der Schreck genauso durch die Glieder wie zuvor Konstanze.

„Ist eine Seuche ausgebrochen", fragte Wolfgang ungehalten, als er den Maskenmann sah. Oder ist die Pestilenz ausgebrochen, sie sehen wie ein Pestarzt aus!"

„Ich wollte sie keinesfalls erschrecken Meister, entschuldigen sie bitte Meister Zart, aber mein Herr legt auf absolute Diskretion großen Wert, deshalb auch meine Verkleidung. Entschuldigen sie bitte nochmals.

„Man ich bin schon nervös genug, den Schrecken hätte ich nicht gebraucht."

Im sonnendurchfluteten hellen Zimmer war der massige Körper des unheimlichen Boten noch besser zu erkennen. Alles an ihm war schwarz. Beim Anblick des unbekannten

Gesandten schoss Wolfgang, wie ein schmerzender Pfeil der Traum ins Gedächtnis und es fröstelte ihn.

„Bitte treten sie näher", sagte Wolfgang unsicher.

Konstanze trat ins Zimmer und fragte, "darf ich Ihnen ein Glas Wein anbieten. Ich habe einen feinen Mosler, den mein Mann gerne trinkt.

„Nein danke ich möchte nun ohne weitere Umschweife zu meinem Anliegen kommen, donnerte die Bassstimme." Wie sie bereits aus dem Brief meines Herrn entnehmen konnten", wandte sich der Mann an Wolfgang, "sollen sie ein Requiem schreiben, die Höhe des Honorars dürfen sie selbst bestimmen."

„Ja, Ihr Herr hat mir einen Brief mitgeteilt.

Ich habe zuvor noch nie eine Totenmesse geschrieben. Das ist nicht mein Fach. Ich weiß nicht, ob ich den Auftrag erfüllen kann. Ein Requiem in dieser Zeit. Ist Ihrem Herrn nicht mit einem Schlager oder Musical gedient.

Es gibt gewiss genug Totenmessen auf dem Markt, ich könnte Ihnen einige Komponisten nennen, zum Beispiel Michael Haydn, Requiem c-Moll. Für eine Totenmesse gibt es doch heute keinen Markt mehr. Ich kann mich mit solchen Spielereien nicht aufhalten und habe auch darin keine Übung. Und dann ist hier alles anonym, das gefällt mir nicht. Ich spiele gern mit offenen Karten. Geheimnisse passen mir nicht.

Der Bote schwieg zu alledem.

Wolfgang spürte erneut ein Unbehagen, das in ihm hochkroch und in seinen Ohren, machte sich ein schmerzendes Geräusch breit. Am liebsten wäre ihm gewesen, der ungebetene Gast wäre augenblicklich wieder gegangen.

„Aber, aber Meister Zart. Sie wollen doch nicht Ihr Licht unter den Scheffel stellen. Ihr exzellenter, melodischer Klangreichtum, verbunden mit feinstem Klangempfinden

Ihrer Kompositionen sind weit über die Grenzen von Wien hinaus bekannt. Sie sind ein Genie, sonst hätte mein Herr ihnen den Auftrag nicht erteilt. Ein Tonkünstler Ihres Formats erledigt einen solchen Auftrag in einer Woche. Ich wiederhole mich, mein Herr möchte nur eine Totenmesse, und zwar von Ihnen und wünscht sich dabei Diskretion. Sie haben vor kurzem einen Musikwettbewerb gewonnen. Also frisch ans Werk."
Wolfgang fühlte sich geschmeichelt.

Endlich mal ein ehrliches Lob. Eine Wohltat, mal was Anerkennendes zu hören und nicht immer die harsche, unsachliche Kritik von Musikkritiker zu vernehmen. Er beruhigte sich langsam. Er musste es schaffen, hatte keine andere Wahl.

Antonio Sali, der seine Kompositionen oft als stümperhaft bezeichnete, hatte, hätte diese anerkennenden Worte hören sollen, dann wäre er vielleicht in Zukunft, mit seiner Kritik etwas zurückhaltender sein. Manchmal geriet Wolfgang über die unqualifizierte

Kritik von Sali, so in Rage, dass er ihn am liebsten vergiftet hätte, so zornig war er. Er sah in ihn den Totengräber seiner Musik. Was kümmert mich eigentlich dieser Sali, dachte er, soll er doch verfaulen. Ich habe einen lukrativen Auftrag und kann die Höhe des Honorars sogar noch selbst bestimmen. Wolfgang schaute zu dem Mann mit der schwarzen Maske und wurde sogleich, wieder in die Realität zurückgeholt. Seine Ängste kamen zurück.

„Überlegen sie es sich", sagte die unbekannte Bassstimme. „In spätestens drei Tagen erwarte ich Ihre Antwort." Dann verließ er den Raum.

Wolfgang atmete tief durch, zermarterte sich den Kopf und überlegte, wie er sich verhalten sollte. Irgendwie war ihm die ganze Sache unheimlich. Sollte der Unbekannte etwa ein Abgesandter aus dem Jenseits sein. Ist die Messe gar meine eigene Totenmesse, grübelte Wolfgang.

Vielleicht ein schlechtes Omen, ein

verhängnisvolles Vorzeichen. Soll ich mit dem Teufel einen Pakt eingehen. Er erschrak bei diesen Gedanken. Irgendwie war die ganze Sache unheimlich. Er dachte daran, vom Honorar den Kindern neues Spielzeug und seiner treusorgenden Frau ein neues Kleid kaufen zu können. Und endlich auch die Schulden bezahlen können, von denen Constanze keine Ahnung hatte.

Wolfgang legte sich zu Bett. Sein Körper schmerzte und sein Herz schlug unruhig. Er versuchte seine Gedanken, zu zerstreuen, und fragte Konstanze, wie es um die Haushaltskasse bestellt sei.

„Im Moment müssen wir kurztreten", sagte sie, "Einige Rechnungen müssen noch beglichen werden und morgen muss ich den Buben, ein Paar neue Schuhe kaufen. Große Sprünge können wir nicht mehr machen und der kleine braucht noch ein neues Schulheft."
„Macht dir keine Sorgen", sagte Wolfgang und strich seiner Frau mit der Hand liebevoll über das Haar, bald geht es uns wieder

besser."

Konstanze verstand diese Andeutung nicht, schon oft hatte er versprochen, dass neues Geld, in die Haushaltskasse käme. Constanze glaubte nicht daran, so oft war sie schon enttäuscht worden.

Es war an einem grauen trüben Herbstnachmittag, die Wolken hingen tief, es stürmte und regnete wie aus Kübeln. An diesen trüben Tag weinte nur der Himmel und das, mit voller Hingabe. Eigentlich wäre dies der Moment gewesen, mit der Totenmesse zu beginnen. Lacrimoso, ja tränenreich war dieser Tag. Und es war ungewiss, wie er enden würde.
Oft war es so, dass Zart sich beim Komponieren seiner harmonischen Musik, selbst aus dem Sumpf der Depressionen zog.

Ein Pferdekarren, der von zwei klapprigen, abgemagerten Gäulen gezogen wurde, die mit gesenktem Kopf einen dunklen Sarg über das holprige Kopfsteinpflaster in Richtung

Friedhof zogen. Auf dem Bock saß neben dem Kutscher der Friedhofswärter. Beide hatten Ihre Mantelkrägen nach oben gestülpt und ihre Hüte weit ins Gesicht gezogen, um sich vor dem böigen Regen zu schützen. Sie sagten kein Wort.

Der Totengräber und der Kutscher waren die einzigen Menschen, die bei diesem miesen Wetter zu sehen waren. Der einzige Begleiter war der Wind, der deutlich vernehmbar eine Todesmelodie pfiff. Der Karren erreichte das Friedhofstor, bog nach links und fuhr zu der Parzelle, wo sich die Armengräber befanden. Brr, rief der Kutscher und die Pferde blieben bereitwillig, mit gesenktem Kopf vor einer Grube stehen, so als wollten sie dem Toten, der in einem einfachen Holzsarg auf der Ladefläche lag, die letzte Ehre erweisen.

Außer dem Kutscher und dem Totengräber war niemand am Grab erschienen, der dem großen Komponisten die letzte Ehre erweisen

wollte. So erledigten die beiden Männer

schweigend und routinemäßig Ihre Pflicht und zogen den Sarg von der Ladefläche und ließen den in einem groben Jutesack befindlichen Inhalt, durch eine Klappe, die sich öffnete in eine Grube rutschen. Und schoben danach den Holzkasten wieder auf die Ladefläche zurück.

Dumpf schlug der Jutesack mit dem Leichnam auf den durchnässten Boden auf. Schnell warfen sie einige Schaufeln nasser Erde in die Grube, solange bis sie keinen Widerhall des Leichnams mehr hörten, sondern nur noch das Prasseln der Erde.

Die beiden atmeten durch. Das war geschafft.

Der Kutscher versuchte, seine Pfeife anzustecken, doch der scharfe Wind blies das kurz flackernde Streichholzfeuer immer wieder aus.

Der Totengräber fragte seinen Gehilfen:" Hättest du gedacht, dass ein so berühmter Komponist wie „Meister Zart" einmal im Feld der Namenlosen beerdigt wird. Ist das nicht ein Trauerspiel. Wie konnte so etwas nur

geschehen. Haben die hohen Herren keinen Anstand. Das ist doch unwürdig, so vergräbt man noch nicht mal einen Hund."
"Nein", das kann ich nicht verstehen", sagte der Mann mit der Pfeife, es ist eine Schande und ein Trauerspiel und unwürdig zugleich. So behandelt man keine Menschen."

Schweißgebadet fuhr Wolfgang im Bett hoch und schrie: "Ich will nicht begraben werden."
Nein!
Erschrocken vom Lärm fuhr Konstanze ebenfalls hoch und sagte schlaftrunken.
"Hast du schon wieder etwas Böses geträumt."
„Ich glaube ich drehe langsam durch. Ich habe von meiner eigenen Beerdigung geträumt, es war schrecklich. Man warf mich in ein Armengrab. Kein Mensch, auch du nicht war da, außer dem Kutscher und dem Totengräber war niemand anwesend. Man hatte den großen und einst gefeierten Komponisten sehr schnell vergessen!

"Es war furchtbar!

Ein Glück, das es nur ein Traum war", Ich glaube, mich bringt der mysteriöse Auftrag aus der Fassung, das alles sind für mich dämonische Vorzeichen und übersteigt meine Kraft. Warum zeigt der Bote nicht sein Gesicht, warum bleibt der Auftraggeber anonym. Warum diese ganze Geheimnistuerei. Das macht mich krank!

"Du bist überarbeitet Wolfgang, du musst dich schonen", versuchte Konstanze Ihren Mann, zu beruhigen. Konstanze wischte ihrem Mann liebevoll den Schweiß von der Stirn, ging in die Küche und bereitete das Frühstück vor. Möchtest du ein weichgekochtes Ei fragte sie noch.

Wolfgang winkte ab.

„Wie hast du dich denn jetzt entschieden, willst du die Messe schreiben, heute kommt wieder der unbekannte Gast."

„Ja, ich werde es tun, ich nehme den Auftrag an. Wir haben die Anzahlung erhalten. Ich stehe in der Schuld. Bittermüller kann mir helfen."

Kurz, nachdem sie alle ausgiebig gefrühstückt hatten, klingelte es an der Haustür.

„Das wird er sein, öffne bitte."

„Guten Morgen Frau Zart, ist Ihr Gatte anwesend", fragte der Mann mit der dunklen Maske.

„Ja gehen sie durch, er ist im Wohnzimmer."

„Ich habe es mir überlegt", sagte Wolfgang ohne Umschweife, als der gewaltige Körper ins Zimmer trat, "ich nehme den Auftrag an", wandte sich Wolfgang an den Gast.

„Das freut mich außerordentlich mein Herr wird erfreut sein. Was verlangen sie."

„25000" Euro

„Eine stattliche Summe, ich werde es meinen Herrn ausrichten und Ihnen in den nächsten Tagen den zweiten Teil des Vorschusses vorbeibringen. Sie können in der Zwischenzeit schon mit dem Werk beginnen."

Ohne ein weiteres Wort zu sagen, verließ der

Bote das Haus und Wolfgang überlegte, woher er den Mut genommen hatte, eine solche Summe zu verlangen. Damit wäre sie alle Sorgen los. Alle Schulden könnten auf einen Schlag getilgt werden.

Hundert ungeordnete Gedanken gingen ihm durch den Kopf und quälten ihn. Zweifel kamen wieder auf, ob sein Entschluss richtig war. Er war hin und her gerissen, unfähig einen klaren Gedanken zu fassen. Es machte keinen Sinn, weiter zu grübeln. Er hatte einen Auftrag angenommen und sich damit festgelegt.

Er setzte sich sogleich ans Klavier und schrieb die ersten Takte aufs Notenpapier. Seine Gedanken schweiften aber schnell wieder ab. Selbstverständlichkeiten, über die er früher nie nachgedacht hatte, und absolut sicher, sonst wie im Schlaf beherrschte, gingen ihm nun durch den Kopf.

Soll ich erst die Musik und danach den Text schreiben lassen, oder wäre es besser, zuerst den Text zu haben und die Musik dem geschriebenen Wort klanglich anzupassen.

Sollte es eine „große" oder besser eine „kurze" „Missa Brevis" schreiben und waren die Elemente eines Requiems nicht schon vorbestimmt. Er bemühte Fachliteratur, um diese frage zu klären.

Würde es der Auftraggeber merken, wenn einige Elemente fehlen würden.

Er musste, ob er wollte oder nicht, sich mit der Requiem-Strukturgenau vertraut machen und durfte keinen Torso abliefern. Ein Bild wird doch auch erst gemalt und dann beschrieben, grübelte Wolfgang weiter. Im Grunde genommen ist es doch, egal wie ich vorgehe, beruhigte er sich, Hauptsache die Dinge kommen wieder in Gang. Bisher hatte er sich solche Gedanken nie gemacht, die Kompositionen flossen einfach aus seiner Hand. Wie geht man ein Requiem richtig an. Er war hin und her gerissen. Zum einen quälte ihn der Auftrag, weil es ihm nicht aus dem Kopf ging, seine eigene Totenmesse zu schreiben.

Auf der anderen Seite fühlte er sich beflügelt und dachte, er wäre von Gott auserwählt, so ein wunderbares, christliches Werk zu schreiben. Seine Gedanken konnten sich nicht eindeutig dazu durchringen, welche Gedanken der Richtige wäre. Er musste für eine Weile seine Gedanken betäuben.

Wolfgang holte sich eine Flasche Wein aus dem Schrank, goss das Glas randvoll und nahm einen kräftigen Schluck. Er liebte seinen „Mosler". Trank schnell ein weiteres Glas und wartete, ob sich seine ungewissen Gedanken nun zerstreuen würden.

Er beruhigte sich innerlich, setzte sich ans Klavier, legte ein Notenblatt auf den Ständer und versuchte, sich mit der Arbeit für die „magische Harfe" etwas abzulenken. Auch dieses Werk musste er nun schnell vollenden. Er stand unter Zeitdruck und dann noch das Requiem. Ich habe mich wohl übernommen, so wie Constanze es immer betonte.
Sein Kopf war leer, er musste fortwährend an Puchbach denken, dem er noch Geld schuldete und auch beim Kollegen Stadler

hatte er sich etwas geliehen. So konnte es nicht

weitergehen. Langsam verliere ich den Überblick, sagte er zu sich selbst.
Doch plötzlich, wie von Geisterhand kam die altbekannte Kreativität zurück. Die ersten Kompositionsansätze klappten zu seinem Erstaunen überraschend gut und er kaum gut voran.
„Das klinget so herrlich, dass klinget so schön, la, la, schrieb er mit steifen und stark zitternden, mühsam Händen auf das Notenpapier. Seit einiger Zeit zitterten seine Hände und er hatte keine Erklärung dafür. Vermehrt musste er deswegen Notenblätter Notenmanuskripte wegwerfen, weil die Noten unleserlich waren.
Sein Hausarzt Dr. Close meinte, es handele sich, bei dem starken Zittern und einen sogenannten Ruhetremor. Unruhe und Aufregung könnten dieser Prozess noch verstärken, meinte der Arzt.
„Das Zittern kann auch auf eine schwere

Krankheit hindeuten. Das müsse man mal näher untersuchen, offensichtlich liegt eine Unterversorgung eines bestimmten Botenstoffes im Gehirn vor. Aber das könnte nur in

einer Spezialklinik diagnostiziert werden. Er müsse sein Arbeitspensum herunterfahren, und sich nicht aufregen. Zunächst verschreibe in ihnen ein Naturheilmittel zur Beruhigung. Wenn es nicht besser wird, kommen sie bitte wieder, auf Wiedersehen."
Wolfgang wusste schon beim Arzt, dass er das Mittel nicht einnehmen würde, Ärzte waren alles Quacksalber.
Und so arbeite er trotz aller Mahnungen bis spät in die Nacht hinein. Die Flasche leerte sich wie von Geisterhand. Das Musical wollte er noch zum Abschluss bringen, um sich danach mit aller Kraft und Konzentration an die Arbeit für die Totenmesse zu machen.
Es dämmerte bereits, als Konstanze ins Wohnzimmer trat und Wolfgang schlafend am Klavier vorfand.

„Wolfi wach auf, es ist schon heller Morgen. Hast du etwa die ganze Nacht durchgearbeitet" fragte sie voller Sorge. Sie liebte ihren Mann.
Wolfgang wachte auf. Seine Glieder schmerzten. Der Kopf brummte vom süßen Gewürztraminer, den er am Abend davor, in größeren Mengen genossen hatte. Seine Gedanken waren leer und seine Schläfen pochten eine Melodie. Die Lebensmelodie dumpf, dumpf, dummmpf.

Von allen Schlägen, die man empfindet, sind die Herzschläge die Besten, ging es ihm durch den Kopf. Schön rhythmisch, immer genau im Takt. Kyrie Eleison:" Herr erbarme dich, sagte er zu Constanze.
Hast du wieder geträumt, was soll dieser Unsinn. Soll ich Frühstück machen, mit einem frischen Tomatensaft oder möchtest du dich noch etwas ausruhen", fragte sie sorgenvoll.
In solchen depressiven Situationen und Stimmungen musste Konstanze Ihren Mann wie ein rohes Ei behandeln, das wusste sie.

Sie tat alles, um ihren Mann ein Umfeld zu bieten, in dem er gut arbeiten konnte.
„Kyrie", ist ein Teil einer Totenmesse, das ist kein Unsinn, ich habe mich gedanklich mit der Struktur eines Requiems beschäftigt und davon geträumt. Ich lege mich noch eine Stunde ins Bett und frühstücke dann später. Weißt du, was ich sonst noch für einen Unsinn geträumt habe", sagte er zu seiner Frau, bevor er sich wieder ins Schlafzimmer begab. Und als Konstanze nicht antwortete, sprach er weiter, „im Traum, wurde ich, in die Mitte des 18. Jahrhunderts zurückversetzt.

Die Kutsche des Kaisers hielt von unserer Tür und ein Bote mache mir Mitteilung, dass mich der Kaiser auf der Stelle zu sprechen wünsche. Er sollte mich in den Palast fahren." Es gibt doch keinen Kaiser mehr und doch habe ich von ihm geträumt. Das war nicht unangenehm.

"Ja ein lieber Meister Zart", begann der Kaiser ohne Umschweife, "die Vakanz der

Stelle des Hofkapellmeisters ist nun beendet!" Ich stutzte und es dauerte eine Weile, bis ich begriff.

„Ja es stimmt, lieber Zart", fuhr der Kaiser fort, *"Sie werden die Stelle des Hofkapellmeisters besetzen, mit einem entsprechenden Salär hier ist das Dekret. Sie haben es sich verdient mein Lieber. Wir freuen uns, dass sie die Stelle besetzten. Sie haben doch für Reichsgraf Walsegg ein wunderschönes Requiem geschrieben, hat man mir berichtet. Das hat unsere Anerkennung verdient.*
Sehr schön, mein Lieber. Ihr Vater wars doch auch schon. Sehr schön."

Ich verbeugte mich tief.

"In letzter Zeit träumst du ziemlich seltsame Dinge. Hofkapellmeister so ein Unsinn gibt es doch heute gar nicht mehr. Ruhe dich noch ein wenig aus und schone deine Gesundheit", sagte Konstanze liebevoll und ging in die Küche.

"Ich kann den Traum auch nicht deuten, wir leben doch im 21.Jahrhundert, wer stellt heute noch einen Hofkapellmeister ein. Wolfgang schlief sofort fest ein und wurde trotzdem wieder, von einem bösen Traum heimgesucht.

Diesmal erschien ihm im Traum sein Intimfeind Antonio Sali. Der infame Kritiker stand auf der Bühne des Theaters und hielt die Noten des Requiems in der Hand. Er zerriss die Notenblätter in kleine Papierschnippel, lachte dabei verächtlich und rief:" Stümper. Sie sind ein elender Stümper, Zart! Dieses Werk würde ich noch nicht mal im Schweinestall spielen.

Die Papierschnipsel warf er danach mit einer verächtlichen Handbewegung in den Saal. Sie rieselten wie Schnee herunter und bedeckten Wolfgangs Armengrab. Wolfgang reagierte auf die Kritik von Sali, immer äußerst allergisch und wollte Sali, wegen seiner Ausraster zur Rede stellen, stelle aber nun wieder fest, dass er geträumt hatte.

Gespenstisch jede Nacht diese Albträume!

Es schellte an der Haustür und Konstanze öffnete, die knarrende Eichentür.
„Guten Morgen Frau Zart", sagte der Unbekannte, der einen schwarzen Aktenkoffer in der Hand hielt. „Ich bringe die erste Anzahlung."
„Gehen sie bitte ins Wohnzimmer, ich hole meinen Mann." Wolfgang betrat schlaftrunken und verwirrt das Wohnzimmer, weil er noch unter dem Einfluss, des Albtraumes stand. Der mysteriöse Bote hatte ein Bündel neuer Euroscheine auf den Tisch gelegt. Wolfgang konnte sich einen Moment lang nicht von der Gestalt des Gesandten befreien. Er konnte sich nicht des Eindrucks erwehren, dass der Mann, der ihm gegenüberstand, ein Bote aus dem Jenseits war der ihm eine Botschaft überbringen sollte.
Er rieb sich die Augen und starrte auf das Geld.

„Dies ist die erste Anzahlung, genau 13 000 Euro, die restlichen 12000 bekommen sie bei Lieferung, unterschreiben sie bitte hier." Der Gesandte verstaute die Quittung schweigend in den schwarzen Aktenkoffer und verließ den schweigend Raum.

Wolfgang hatte immer den Eindruck, dass es im Wohnzimmer dunkel wird, wenn der unbekannte Mann es betreten hatte. Er nahm das Geldbündel in die Hand, um festzustellen, dass er nicht träumen würde. Die frischen Scheine knisterten, zwischen seinen Fingern. Als er die Müdigkeit abgelegt hatte und den ersten Lohn in seinen Händen bewusst wahrnahm, kamen die Ängste, in diesem Moment, wie ein Blitz aus heiterem Himmel zurück. Wolfgang wurde schwindelig, er bekam kaum Luft, Schweißperlen standen ihm auf der Stirn. „Habe ich eben einen Pakt mit dem Teufel geschlossen", ging es ihm durch den Kopf. Nun gab es kein Zurück mehr reis dich zusammen Wolfgang. Das ist, doch Unsinn überlegte er, was soll der Teufel mit einem

Requiem.

Mit zitternden Fingern setzte er sich ans Klavier und berührte vorsichtig die Tastatur. Es durchzuckte ihn, wie ein Blitz, als er den ersten Ton hörte, der die Stille durchbrach. Jäh brach er das Spiel ab, verharrte einen Moment, ballte sodann die Fäuste und trommelte wie wild auf die Tastatur.

Konstanze stürzte vom Krach aufgescheucht ins Zimmer und sah Wolfgang den Kopf auf der Tastatur liegend vor. Die Notenblätter lagen im Zimmer zerstreut.

„Um Gottes willen, was ist geschehen. Ich glaube du bist wirklich krank", sagte sie besorgt, beugte sich über und richtete ihn auf.

„Nein, es ist alles in Ordnung, ich bin nur wütend, dass ich nicht weiterkomme und keinen klaren Gedanken fassen kann. Hier sind die 13000,- Euro die Anzahlung für die Messe. Nimm das Geld, ich will es nicht sehen."

"Vielleicht bringt dich ein Gläschen Wein

auf kreative Gedanken, du trinkst den Nahewein doch gern", versuchte Konstanze
Ihren Mann, zu beruhigen.
Eigentlich hätte sie mal ein Lob verdient, denn sie tat für ihren Mann wirklich alles. Aber das passte nicht zu ihm, er war ein unverbesserlicher oft nörgelnder und bissiger Macho. Wolfgang war wieder mal unausstehlich.
„Nein ich will keinen Wein sagte er barsch, ich will überhaupt nichts mehr trinken", tönte er.
Constanze verließ brüskiert und mit einer gehörigen Portion Wut im Bauch das Wohnzimmer. Seit der Begegnung mit dem unheimlichen Boten hatte sich Wolfgangs Persönlichkeit stark verändert. Er glaubte ernsthaft, dass seine Frau ihn heimtückisch vergiften wolle. Vielleicht steckte sie mit dem Unbekannten sogar unter einer Decke, grübelte er. Schon lange hatte er das Gefühl, dass man ihn ermorden wollte. Depressionen und Ängste und nun auch der Ruhetremor

bestimmten nun seinen Alltag und die Reise nach Prag musste auch noch organisiert und durchgeführt werden. In diesem Zustand war das unmöglich. Auf Wolfgang stürzte viel herein, hoffentlich geht das alles gut.
Neue Zweifel und Ängste plagten ihn.
Er fand einfach keinen Weg, sich aus diesem wirren Gedankengestrüpp selbst zu befreien. In seinem Kopf hämmerte es, so als wenn ein Hufschmied seine Gedanken bei glühendem Feuer zurechtbiegen würde.

Meine Frau eine Giftmischerin, eine hinterlistige Mörderin, einfach absurd! Constanze war tränenüberströmt in die Küche gelaufen. Der Gesundheitszustand und sein ungewöhnliches Verhalten, ihres Mannes bereitete ihr ernsthaftes Sorgen.

So konnte es nicht mehr weitergehen. Auch Ihre Nerven waren nun über Gebühr strapaziert. Insbesondere hatte sie vermehrt den Eindruck, dass Wolfgang gedanklich oft kurz abwesend war und sich in einer anderen

Welt aufhielt. Es schien ihr so, als wenn er unbewusste, gedankliche Aussetzer hatte, die er selbst nicht mehr bemerkte.

Gleich am nächsten Tag wollte sie Dr. Close einen Vertrauten der Familie aufsuchen. Constanze schilderte Ihrem Hausarzt, was sich in den letzten Tagen im Hause Zart Merkwürdiges ereignet hatte. Sie erzählte

von den vielen Albträumen und von dem sonderbaren Verhalten Ihres Mannes. Seit der unbekannte Bote aufgetaucht sei, habe sich das Familienleben dramatisch verschlechtert.

Dr. Close hörte sich die Schilderung geduldig an. Als Constanze eine Pause machte, fragte er nach dem ersten Traum, in dem Wolfgang, gemäß seiner Schilderung, durch Dreiecke und Pfeile erheblich verletzt worden war. „Können sie die Gegenstände etwas genauer beschreiben."

„Ja, mein Mann hat sie hier auf das Papier gezeichnet."

Close betrachtete das Blatt, mit den merkwürdigen Gegenständen aufmerksam und sagte, "Die Gegenstände, die Ihr Mann gezeichnet hat, erinnern mich an die Symbole der Steinmetzzünfte eine Art Winkelmaß, Zirkel, so wie sie die Freimaurer verwenden.
"Freimauer?"

„Ja"

"Ich verstehe nicht!"

„Das wird ja immer mysteriöser", sagte Constanze ängstlich. "Mir ist bei meinem Mann aber noch etwas Weiteres aufgefallen, er verwendet in seinen Konzertstücken oft Namen, die sich nur durch die Anfangs- und Endbuchstaben unterscheiden.

In der „Magischen Harfe" beispielsweise verwendet er die Namen ONIMAT und ANIMAP oder ANEGAGAP und ONEGAPAP die Namen unterscheiden sich nur durch die Buchstaben A und O, kann das Alpha und Omega heißen, also Anfang und Ende. Ich glaube ich sehe auch schon Gespenster."

„Vielleicht ist diese Namenswahl rein zufällig, eher eine Spielerei Ihres Mannes. Machen sie sich keine Sorgen. Ist der Ruhetremor besser geworden, fragte der Arzt.

„Das kann ich nicht mit Gewissheit sagen, wenn ich weiß, nicht, ob mein die Medikamente nimmt, die ich ihn jeden Tag auf den Tisch stelle."
„Ich schreibe Ihnen sicherheitshalber noch mal das Beruhigungsmittel auf. Achten sie bitte darauf, dass ihr Mann die Medizin auch einnimmt. Falls der Zustand Ihres Mannes verschlechtert, kommen sie bitte sofort vorbei. Ihr Mann ist ein Genie und vielleicht nur ein wenig überarbeitet! Machen sie sich keine Sorgen", sagte Close.

„Noch etwas ist auffällig", gab sich Constanze noch nicht zufrieden.

"Nicht nur die Namen und die mysteriösen Gegenstände, die meinem Mann den Schlaf rauben, beunruhigen mich, sondern auch die

Tatsache, dass die Zahl „drei" in irgendeinem Zusammenhang mit seinem seltsamen Verhalten stehen muss.
Mein Mann kritzelt manchmal ein ganzes Notenblatt mit „Dreien" voll. Ich kann mir das nicht erklären. Was hat das zu bedeuten. Die magische Harfe beispielsweise soll am 30.09. uraufgeführt werden. Dreißig und neun sind Zahlen auf der Basis „Drei". Vielleicht ist das auch nur rein zufällig und ich sehe wirklich schon Gespenster. Ich bin wohl mit meinen Nerven am Ende."

„Ich kann Ihnen das erklären", sagte der Doktor. Bei den Freimaurern, ihr Mann ist doch Freimaurer, soweit ich weiß, haben nicht nur Zirkel und Dreiecke, sondern auch die Ziffer „Drei" symbolische Bedeutungen. Die „drei" symbolisiert, soweit mir bekannt,

zum Beispiel die Dreifaltigkeit: Vater, Sohn und Heiliger Geist. Auch hier würde ich mir keine weiteren Sorgen machen, vielleicht will Ihr Mann diese Symbolik in dem Musical verarbeiten. Das muss doch nichts bedeuten.

Wir wollen doch nicht etwas hineindeuten."

Sichtlich erleichtert verließ Constanze die Praxis und machte sich auf den Nachhauseweg. Als sie sich ihrem Hause näherte, hörte sie Klavierklänge, wunderschön. Wolfgang saß am Klavier, hielt in der rechten Hand einen Taktstock und bediente mit der linken die Tastatur. Er summte eine Melodie „Allegro assai". Er war so tief in seine Arbeit versunken, dass er nicht bemerkte, dass Constanze das Zimmer betreten hatte und hinter ihm stand.
„Kommst du gut voran Wolfi"
Wolfgang fuhr vor Schreck zusammen, als er unvermittelt die Stimme seiner Frau hörte, und stieß mit einer ungeschickten Handbewegung das halb volle Weinglas um, das sich über das Notenblatt ergoss. Er merkte auch, dass seine Hände immer mehr zitterten. Er musste das Weinglas mit zwei Händen festhalten, damit der Wein nicht überschwappte.

„Hast du mich erschreckt, ich habe dich nicht gehört!"

"Um Himmels willen, jetzt ist das Notenblatt unlesbar, entschuldige, das wollte ich nicht stören."

„Das macht nichts", sagte er mit gütiger Stimme, "es war nur ein Entwurf. Den ersten Satz habe ich bereits fertig. Ich glaube ich schreibe die Elemente so wie sie mir einfallen und füge sie dann in der richtigen Reihenfolge ein. Ich bin gerade bei Hostas in Es-Dur im dreiviertel Takt mit vierstimmigem Chorsatz. Ja, so werde ich vorgehen. Bittermüller kann die Elemente dann noch mal überprüfen. Es wird schon klappen."

Konstanze sah Wolfgang aufmerksam an und stellte fest, dass sich sein Gesundheitszustand, von Tag zu Tag verschlechterte. Es fiel zunehmend auf, dass er nun immer öfter zur Weinflasche griff und überaus gereizt und nervös war. Er wirkte krank und gebrechlich, obwohl im Augenblick alles normal schien.

Dennoch bereitete ihr sein Zustand große Sorgen, weil er viel Alkohol konsumierte. Vielleicht bringen die Tabletten und das Pulver, das der Apotheker zusammengemischt hatte, ein wenig Erleichterung und Wolfgang kommt ein wenig zur Ruhe, versuchte sie sich selbst, zu beruhigen. Aber nahm er die Medizin überhaupt, sie sprach ihn noch mal darauf an, ohne eine Antwort zu erhalten.

Sie sprach mit Bittermüller, dem guten Geist des Hauses. Den begabten und gelehrigen Schüler von Wolfgang, über den derzeitigen Zustand des Meisters. Und bat ihn, so wie bisher, nicht nur ein, sondern ab sofort beide Augen, auf den Meister zu richten und ihm alles vom Halse zu halten, was seine Arbeit und seine Gesundheit beeinträchtigen und stören könnte.
Der Vollendung des Requiems, musste nun alle Aufmerksamkeit gewidmet werden. Schließlich hatte sie für die Anzahlung bereits Schuhe für die Buben und neue Bettwäsche

gekauft und vor allen Dingen die Schulden bezahlt.

Heute war ein guter Tag!

Wolfgang war gut gelaunt und modellierte, wie von Geisterhand geführt die Noten aufs Papier. Er steigerte sich wie süchtig in einen wahren Arbeitsrausch, getrieben von einem krankhaften Arbeitsdrang. Plötzlich schienen die Barrieren, die vorher seinen genialen Musikverstand gehemmt hatten, beiseite geräumt.

Die innere Blockade war aufgelöst. Mit diesem musikalischen Erfolgsgefühl stellte sich auch das leibliche Wohlbefinden wieder ein, sodass er die „Magische Harfe" mit einem glanzvollen Fugato beendete.

Das wäre geschafft, dachte er sichtlich erleichtert.

Unverzüglich wollte er, die Gunst der Stunde nutzend, mit der Komposition seiner Totenmesse in d-Moll beginnen. Sobald er seine Gedanken aber wieder auf die Messe richtete, kamen die Zweifel und Ängste zurück. Eine innere Unruhe kroch in ihm hoch.

Er wurde nervös und griff wieder zum Weinglas. Warum brodelte es so stark in seinem Inneren. Er stellte sich da gegen ihn. Er konnte es nicht sagen.

War er nun berufen, ein solches herausragendes Requiem zu schreiben oder waren das seine Todestöne, die das Schicksal ihm diktierte. Er war hin und hergerissen und fand keine Antwort.

Im dritten Jahresviertel, der Herbst zeigte sich schon, verschlechterte sich Wolfgangs Gesundheitszustand dramatisch. Schon längere Zeit, hatte er, immer wieder mit den Nieren und dem Darm Probleme gehabt, nun kamen noch permanente Kopfschmerzen hinzu. Er hatte einen Schleier vor den Augen, so als würde er erblinden.

Close meinte, es wäre eine Augen-Migräne, denn er hätte von Augenflimmern und Augenblitze gesprochen, als er bei ihm in der

Praxis war. Albträume und wenig Schlaf marterten seinen Körper und schwächten ihn. Eigentlich war er nur noch Haut und Knochen. Zudem bildeten sich schmerzhafte Geschwüre auf seiner Haut.

Es lag etwas Bedrückendes in allen Räumen des Hauses, so als wären sie von dumpfen, noch fernen Tönen erfüllt, einer melancholischen, unbekannten Melodie. Nicht so, wie sie der Meister zu komponieren im Stande gewesen wäre, sondern eher unbekannt wie aus einer fremden Welt und irgendwie bedrohlich.
Wolfgang musste sich trotz seines desolaten Zustands, zwangsläufig, zunächst mit dem Ordinarium einer Totenmesse auseinandersetzen. Welche Texte sollen sich wiederholen und welche nur einmal erklingen. Er hatte doch von den Bestandteilen einer Totenmesse keine Ahnung. Es musste doch ein bestimmter Ritus, eine gewisse Messordnung eingehalten werden. Ein Requiem ist doch festgelegte

Merkmale aufweisen. Die musste er zuerst verinnerlichen.

Er las in der Fachliteratur etwas von „Ordo missea", die eine bestimmte Zeremonie und Ablauf vorschreibt. Ich könnte mit einem Psalm oder einen Eröffnungsgesang die Messe beginnen. Mann, oh Mann was habe ich mir da aufgeladen. Das geht bestimmt schief.
Er las auch etwas über das „Proprium", was ist das nun wieder. Es handelt sich um wechselnde Elemente, die nach dem Kirchenjahr oder Anlässe variieren können. Beim Ordinarium handelt es sich dagegen um gleichbleibende Texte. Der Bote hatte dies bezüglich nichts erwähnt, deshalb wollte ich Wolfgang zu einfach wie möglich machen. Bisher hatte er eigentlich nur den Eröffnungssatz des Introitus." Requiem aeternam", des Requiems vollendet.
Das nachfolgende Kyrie, was sich gewiss als Fuge eignen würde und die folgenden Sequenzstrukturen, als Teil des Propriums mit

den sechs Grundbausteine "Dies irea; Tuba mirum; Rex tremendae; Recordare; Confutatis und Lacrimosa, waren noch nicht mal rich
tig gedanklich erfasst. Das machte ihn nervös und war seiner kreativen Arbeit abträglich. Das war noch sehr wenig und es lag noch viel Arbeit vor ihm, aber immerhin, war ein Anfang gemacht. Irgendwo etwas abpinnen, kam nicht infrage. Mit ersten drei Grundelementen, war es natürlich noch nicht getan. Das Offertorium, Santus, Benediktus, Agnus Die und Communio musste noch folgen.
Ich schaffe es nicht, ging es ihm durch den Kopf. Mein Gott ist das schwierig, was habe ich mir da angetan.

Bittermüller, sollte die notwendigen Sequenzstrukturen bis auf das Lacrimosa eigenhändig schreiben und ins Requiem einfügen, sagte Wolfgang. Vielleicht hatte Wolfgang sich und auch den Umfang des Auftrages doch unterschätzt. Und weil er

nicht zügig vorankam, fürchtete er, dass er die Anzahlung zurückgeben müsse.
Er träumte wieder und las auf einem Notenblatt wunderbare, polyphon verflochtene Eingangstakte, Requiem aeternam, Adagio besser geschrieben als seine eigenen Noten. Schreibt mir der Teufel, nun schon die Noten schoss es ihm durch den Kopf. Teufel und Requiem, was soll das Wolfgang. Die Zweifel blieben.

Wolfgang fiel nun häufig in Ohnmacht und sein Schüler Bittermüller, musste die Fragmente des Werkes zu Ende schreiben, so wie es ihm der Meister aufgetragen hatte. Da sich seine Handschrift, kaum vom Meister unterscheiden würde, hätte man meinen können, der Meister selbst hätte die Noten höchstpersönlich zu Papier gebracht so täuschend ähnlich sahen sie aus.

Zunehmend stellten sich bei Wolfgang, kurze, von ihm nicht mehr selbst wahrgenommene Bewusstseinsstörungen ein und Constanze machte sich große Sorgen. Es hatte oft den Anschein, er wäre nicht anwesend und nicht ansprechbar.

„Das Offertorium" mit Gesang zur Opferbereitung die Gesänge zum „Sanctus": Heilig, heilig, Gott der Herr, heilig Gott aller Mächte.

Sowie der Lobgesang „Benedictus", gepriesen „sei der Herr Gott Israel" und die Choräle und Chöre beim Agnus Dei, sowie die abschließenden Gesänge bei "Communio, alles unverzichtbare elementare Bestandteile des Requiems, hatte Wolfgang wegen seines schlechten Gesundheitszustandes noch nicht zu Papier gebracht. Die gesamten Chorkompositionen dieser Abschnitte fehlten noch.

Das "Lacrimosa", das tränenreiche Musikprodukt, musste er unbedingt selbst schreiben wollte, ging ihm erstaunlicherweise gut von der Hand, wohl deshalb, weil es seinem derzeitigen Zustand, tränenreich und wehklagend entsprach. So wie Wolfgangs *derzeitiger Zustand zu beschreiben war. Traurig und tränenreich.*

Bald würde der unbekannte Bote wieder auftauchen und sich nach dem Stand der Arbeit erkundigen. Die Zeit drängte, es war nun schon fast Ende September und die „magische Harfe", sollte in den nächsten Tagen in Prag uraufgeführt werden.

„Der Harfenspieler, bin ich ja, ganz lustig heißa hopsasa, oder „Dein Foto ist so schön, nie hat man ein schöneres gesehn. Es wird alles gut werden, die Magische Harfe, wird gewiss ein Erfolg, aber dies Requiem schlägt mir auf den Magen.

Bittermüller sprach mit Konstanze, denn er befürchtete, dass sein Lehrherr gesundheitlich nicht mehr in der Lage wäre, die Messe in den nächsten Monaten zu vollenden.

Konstanze ging absprachegemäß Dr. Close, der noch am gleichen Tage Wolfgang gründlich untersuchte und eine Blutprobe nahm.

„In einer Woche kenne ich das Ergebnis der Blutuntersuchung, bis dahin muss sich Ihr Mann schonen, auch wenn es ihm schwergefallen sollte", sagte Close mahnend. „Er ist sehr erschöpft und muss sich unbedingt schonen", fügte er nach.

Wolfgang setzte sich trotz seiner körperlichen Schwäche ans Klavier und spielte das „Kyrie" Eleison, Christi Eleison, Allegro. Das klappte ganz gut.

Bittermüller schrieb die Noten aufs Blatt. Man hatte den Eindruck, dass Wolfgang diese Symbiose, zwischen ihm und Bittermüller gar nicht mehr direkt bewusst wahrnahm.

Es war alles automatisiert. Bittermüller hatte eine gute Ausbildung genossen, die Arbeit als Notenschreiber bereitete ihm keine Probleme.

Er war völlig in sich und der Arbeit versunken. Getrieben von der Vorstellung, sein Tod würde unmittelbar bevorstehen, und die

Totenmesse sei ihm persönlich zugedacht, aktivierte er noch einmal alle verfügbaren Kräfte und brachte das Kyrie zum Abschluss.

Am nächsten Morgen, Konstanze betrat das Schlafzimmer.

„Guten Morgen Wolfgang hast du gut geschlafen. Steh bitte auf, der Bote ist da." *Wolfgang streife den Bademantel über, tastete nach den Hausschuhen und schlürfte ins Wohnzimmer. Dort wurde er von der massigen Gestalt des Abgesandten aus dem Jenseits, wie er sich einbildete, in Empfang genommen.*

„Ich wollte mich nach dem Arbeitsstand erkundigen.", *sagte die dunkle Stimme, ohne einen Morgengruß an Wolfgang gerichtet zu haben. Der heute gänzlich grau bekleidete Bote, sah ihn voll Erwartung fragend an.*
„Gestern habe ich das "Kyrie Eleison" fertiggestellt. Heute werde ich mich mit meinem Schüler Bittermüller an das Sanctus

und an das Agnus Dei heranmachen. Dann werde ich das Offertorium:" Domine Jesu, Andante Con moto und den Chor, sowie das "Hostias" und die Fuge:" Quam olim Abrahae", fertigstellen.
Ich denke, in zwei Monaten kann die Messe fertig sein, obwohl mir die Komposition, alle meine körperlichen Kräfte, jeden Tag abverlangt und kein Fertigstellungstermin vereinbart war.

„Nun gut Meister Zart. Mein Herr hat zwar keinen Liefertermin vereinbart, aber denken sie daran, dass ich Ihnen die erste Rate bereits vor einiger Zeit auszahlte."

„Ja gewiss, doch wüsste ich gerne, mit wem ich eigentlich die Ehre habe. Wer sind sie und wer ist ihr Herr".

„Aber, aber Meister Zart, wir haben strenge Diskretion vereinbart und daran wollen uns doch halten. Ich kann ihnen nur verraten, dass ich auf dem Gut des Grafen arbeite.

„Aber diese Geheimnistuerei macht mich krank und lähmt meine musikalische Arbeit und Kreativität. Ich kann keinen klaren Gedanken mehr fassen. Stecken Sie etwa mit meiner Frau etwa unter einer Decke. Soll ich von dir vergiftet werden, raus mit der Sprache! ", Wolfgang raste.

„Aber Herr Zart, wie kommen sie nur auf so eine absurde Idee. Ich glaube sie sind überarbeitet. Es ist alles in bester Ordnung, mein Herr wünscht nur eine Totenmesse von Ihnen, mehr nicht. Bitte halten sie sich an die Abmachung! Sie brauchen die Partitur nicht zu unterzeichnen und einen Urhebervermerk anbringen, denn mein Herr will die Messe, als von ihm selbst komponiert ausgeben."
„Was ist das, höre ich richtig", Wolfgang

schrie den Boten an, davon war bisher nicht die Rede. Das mache ich nicht mit, die Partitur wird von mir urheberrechtlich unterschrieben, was denken sie eigentlich. Es ist und bleibt mein Werk." Wolfgang war zornig,

so etwas hatte er noch nie erlebt, alle meine Auftragswerke sind und bleiben von mir."
Nun war der Bote zornig, wer augenblicklich das Wohnzimmer verließ.
Die Haustür fiel krachend ins Schloss und das vibrierende Holz spielte eine kurze Melodie.
Es war zum Verzweifeln.
Der Bote hüllte sich beharrlich in Schweigen und Constanze, so vermutete Wolfgang, wisse über die Angelegenheit mehr, als sie zugab.
Als Constanze vom Krach, den die Haustür verursacht hatte, ins Wohnzimmer trat, fragte Wolfgang sie „was hast du eigentlich mit unserem seltsamen Gast zu tun"
„Mit welchem Gast."
„Stell dich doch nicht dumm", sagte Wolfgang erbost.
So hatte Constanze Ihren Wolfi noch nie erlebt.
„Der Mann mit der schwarzen Maske natürlich, wer denn sonst."
„Mit dem habe ich überhaupt nichts zu

schaffen, schluchzte sie, "ich bin immer froh, wenn er das Haus verlassen hat. Ich habe Angst vor ihm."

„Ich glaube du träufelst mir Gift ins Essen. Es schmeckt in letzter Zeit anders als sonst. Warum bin ich so immer schlapp und abgespannt. Manchmal kann ich mich nicht auf den Beinen halten und habe oft starke Magenschmerzen, das ist doch nicht normal. Ich vegetiere nur dahin und habe keine Kraft mehr."

Constanze war erschüttert und konnte nicht antworten. Sie brach in Tränen aus und verließ den Raum und rannte auf die Straße und lief Dr. Close direkt in Arme.

„Halt, halt, nicht so stürmisch", sagte der, ich wollte gerade zu Ihnen. Das Ergebnis der Blutuntersuchung liegt nun vor. Sie haben geweint, stellte er fest. Wollen Sie mir nicht sagen, was Sie bedrückt"

"Es ist schon wieder alles in Ordnung", sagte sie, "ich hatte nur eine kleine Auseinandersetzung mit meinem Mann."

Der Doktor bohrte nach, "sagen sie mir bitte, was sie bewegt, sonst kann ich Ihnen nicht helfen. Sie müssen zu mit Vertrauen haben, wir kennen uns doch schon lange, also befreien sie sich und sprechen mit mir. Haben sie Vertrauen.

Erneut traten Constanze Tränen in die Augen.

„Er beschuldigt mich, ich würde ihm Gift ins Essen mischen, dabei habe ich ihn immer wie meinen Augapfel gehütet und ihm jeden Wunsch erfüllt.

„Ich habe so einen starken Persönlichkeitszerfall, innerhalb so kurzer Zeit bei Ihrem Mann nicht erwartet, das ist furchtbar", sagte Dr. Close nachdenklich.

"Und ich befürchte, was ich Ihnen jetzt sagen muss, wird sie erneut stark erschüttern. Die Blutuntersuchung hat nämlich ergeben, dass Ihr Mann HIV. positiv getestet ist."

„HIV."

„Herr Ich vertraue", murmelte Constanze kaum vernehmbar.

„HIV"

"Sie meinen also mein Mann hat AIDS! Das kann nicht sein, das glaube ich nicht!"

„Ja genau!"

„Der Bluttest ist eindeutig, es gibt keinen Zweifel. Dieses, für alle Beteiligten niederschmetternde Ergebnis erklärt aber auch, warum Ihr Mann innerhalb so kurzer Zeit körperlich so stark zerfallen ist."

„Was ist mit mir, bin ich auch positiv?"

„Das kann ich nicht sagen!"

"Außerdem leidet er, nach meinem Eindruck, unter starken Depressionen. Das bereitet mir große Sorgen. Ihr Mann muss auf alle Fälle den Alkohol sein lassen und muss sich wirklich schonen. Viel Gemüse und Obst essen. Es ist sehr ernst und ich kann kaum etwas für ihn tun."

Constanze konnte sich nicht mehr halten, sie sackte zusammen und murmelte immer wieder „drei", "drei", diesmal drei Buchstaben.

Dr. Close stütze sie, bevor sie zu fallen

drohnte und schleppte sie ins Haus und gab Ihr eine Beruhigungsspritze.

Wolfgang saß am Klavier, Bittermüller am Schreibtisch. „Schreib auf Xaver:" Domine Jesu Andante con moto" rief er seinem Schüler zu, der die Noten ins Blatt schrieb „Herr Jesus Christus, König der Herrlichkeit, be-wahre die Seelen aller verstorbenen Gläubigen......, und so weiter muss es lauten, wenn ich die Struktur richtig verstanden habe.

„Warum muss das alles Lateinisch sein, wir leben doch nicht in Lateinien. Nein so etwas schreibe ich nicht, sondern alles in Deutsch.
Wolfgang wollte mit Bittermüller noch mal das „Agnus Dei Agnus Dei, qui tollis peccata mundi,
Dona eis requiem.
Agnus Dei, qui tollis peccata mundi,
Dona eis requiem.
Agnus Dei, qui tollis peccata mundi,
Dona eis requiem sempiternam,

überarbeiten. Ich schreibe des jetzt alles in Deutsch, sagte er." Lamm Gottes, das du trägst die Sünden der Welt, Schenk ihnen Ruhe.

Lamm Gottes, das du trägst die Sünden der Welt,

Schenk ihnen Ruhe.

Lamm Gottes, das du trägst die Sünden der Welt,

Schenk ihnen immerwährende Ruhe. Das verstehe die Menschen doch viel besser so mache wir es".

Wie eine Klette, die man nicht abschütteln kann, saß Wolfgang die Sucht nach absoluter Vollkommenheit, die Sucht gottähnlich zu sein im Nacken und trieb ihn trotz seines schlechten Gesundheitszustandes immer wieder voran. Er durfte nicht schlappmachen. Er hatte zu funktionieren.

Die Sucht ist wie eine unsichtbare Brücke, die eine andere, noch viel schlimmere, nicht mehr steuerbare Welt führt und zu einer für seine Gesundheit abträglichen weiteren Sucht, der Sucht nach Alkohol führt.

Der Alkohol benebelte zunehmend seine Sinne.

Er zechte manchmal, nach einem Event, die ganze Nacht mit Theaterdirektor „Schikane" durch, mit dem er das nächste Projekt besprach. Das dann doch nicht in die Tat umgesetzt wurde. Die kurzen Bewusstseinsaussetzer, die Wolfgang nun zunehmend, wie ein unsichtbarer Schatten begleiteten nahmen im erschreckenden Maße zu.

Bittermüller musste die Noten seines Herrn immer öfter korrigieren und in Reinschrift bringen. Das machte ihn allerdings, aufgrund seiner besonderen kompositorischen Qualitäten, keine Mühe, und Constanze war froh, dass er sich um die Komposition kümmerte und das Talent besaß, die Gedanken des Meisters zu kennen und in Noten umzusetzen. Aber nicht nur das, in Bittermüller ruhte ein Teil Mozart.

„Ich muss mich bei dir entschuldigen", sagte Wolfgang kaum vernehmbar, als Constanze gemeinsam mit Dr. Close das Zimmer betrat. Ich bin davon überzeugt, dass du mir kein Gift ins Essen beimischt und mich vergiften willst. Vielmehr steckt der Schurke „Sali", der noch nie einen guten Faden an mir gelassen hat hinter dieser Intrige, dem traue ich alles zu. Der will meine Kompositionen stehlen!" Sie selbst vermarkten und mich um meinen Lohn für mein Lebenswerk bringen. Dieser gemeine Schurke. Aber das werde ich ihm gehörig versalzen. Meine Werke wird man noch spielen, wenn Sali schon verfault ist! Ich werde am Ende triumphieren, nicht dieser Sali."

„Jetzt erleben sie es selbst", sagte Constanze zum Doktor gewandt, was mein Mann für Wahnvorstellungen hat, dabei hat ihn Herr Sali vor Kurzen noch öffentlich gelobt. Sie sind nicht verfeindet, sondern streiten sich oft *über die Musik.*

Wolfgang bekam nicht mit, dass er nicht mehr in der Lage war, allein ins Bett zu gehen, und Bittermüller ihn zum Bett führen musste und Constanze ihm das Hemd auszog. Er war hilflos und merkte es nicht. Close untersuchte den geschwächten, mit Geschwüren übersäten Körper und versorgte ihn medizinisch mit dem Notwendigen. Wolfgang schlief auf der Stelle ein und Dr. Close sagte zu Bittermüller und Constanze, dass er nicht mehr viel tun könne und mit seinem Ableben in den nächsten Tagen gerechnet werden müsse. Er sehe leider keine Chance auf Besserung mehr und man müsse mit dem Schlimmsten rechnen."

"Meine medizinischen Möglichkeiten sind leider ausgeschöpft, ich kann Ihren Mann nur noch etwas geben, damit ein weinig schlafen kann und das Fieber runtergeht. Es gibt ein gutes pflanzliches Fieberpulver, was gewiss helfen kann, sagte Close sichtlich gerührt und

in seiner Stimme lag keine Hoffnung. Es macht auch keinen Sinn mehr, Ihren Mann noch in eine Spezialklinik einzuweisen. Es ist besser, wenn er in seiner vertrauten Umgebung sterben kann. Ein Krankentransport wäre nicht zu verantworten. Am besten er bleibt in seinem vertrauten Umfeld.
"Auch eine Bluttransfusion halte ich in seinem geschwächten Zustand, nicht für erfolgsversprechend."
Sie verließen den Schlafraum und der Doktor verabschiedete sich.
Konstanze nahm sehr gefasst Bittermüller zur Seite und gab ihm den Auftrag, die Fragmente der Messe zu vollenden.

„Es ist bestimmt im Sinne des Meisters, wenn sie das Werk zu Ende schreiben. Sie werden damit gewiss in die Musikgeschichte eingehen, lieber Freund", sagte sie mit sorgenvoller Miene.
"Sie sind in der Lage das Werk im Sinne meines Mannes zu vollenden und die

Nachwelt soll davon erfahren."
Bittermüller fühlte sich geehrt und trat aus dem Schatten des großen Meisters heraus. Nun hatte er eine große Verantwortung und Bürde. Er machte sich sogleich an die Arbeit. Er spürte, dass der Tod von seinem Meister Besitz ergriffen hatte und wusste, dass er ihn nun bald nicht mehr um Rat fragen konnte. Gottlob verfügte er persönlich über ein enormes Musikverständnis, sodass er in kurzer Zeit die fehlenden Fragmente aufs Notenblatt schrieb, so als hätte es der Meister persönlich vollbracht.

Die Werkgestaltung mit „Introitus", Requiem aeternam und Kyrie, welches der Meister bereits vollendet hatte, überarbeitete Bittermüller noch einmal und schrieb die Noten in Reinschrift, fein säuberlich, als Ablieferungspartitur ab, um sicherzustellen, dass die Handschrift auf allen Teilabschnitten der Messe identisch war und jedermann glauben musste, der Meister habe die Messe noch selbst vollendet und zu Notenpapier gebracht.

Er fälschte die Unterschrift seines Lehrmeisters datierte das Werk auf 1792 und übergab Constanze das Werk, die es dem Boten über

geben sollte, um die zweite Rate in Empfang zu nehmen.

Konstanze hatte Bedenken, dass der unheimliche Bote, die Messe, als Fälschung entlarven könnte und somit die zweite Rate verweigern würde. Wenn das bekannt wäre, würde es auch seinem Ruf abträglich sein. Das wollte sie nicht riskieren, den guten Ruf von Meister Zart leichtfertig aufs Spiel zusetzten.

Bittermüller zerstreute jedoch Ihre Zweifel und sagte, dass die Schrift von Meister Zart, seiner sehr ähnlich sei und niemand die kleinen Unterschiede bemerken würde.

Der Bote erschien pünktlich am nächsten Tag und legte die restlichen 12000,- Euro auf den Wohnzimmertisch.

„Hier ist absprachegemäß die zweite Rate."

„Und hier ist die Messe."

Schweigend, ohne jegliche Regung nahm der Unbekannte die Noten entgegen und händigte Konstanze das Geld aus.

„Herr Zart muss hier noch quittieren".

Constanze eilte mit der Quittung ins Schlafzimmer, wo Ihr Mann mit starrem Blick, zusammengesunken und mit geschlossenen Augen im Bett lag und sich nicht rührte.

„Wolfi wach bitte auf, du musst hier unterschreiben, die zweite Rate, 12000, - Euro. Nun wird alles gut!"

Sie führte die abgemagerte, knöchrige mit Leberflecken übersäte Hand zur Unterschrift und übergab den Zettel dem Mann mit der Maske.

Nachdem die schwere Tür ins Schloss gefallen war und der Bote hoffentlich für immer das Haus verlassen hatte, wurde es plötzlich merkwürdig still. Bei Konstanze regte sich ihr schlechtes Gewissen. Hoffentlich fällt der Schwindel nicht auf, dachte sie.

Alles Leben schien aus dem Haus entwichen zu sein. Es war so, als wenn, leise Musik die Räume durchströmte, so als würden sie ein zweites, neues Requiem schreiben.
Wo sonst Musik und Heiterkeit die bestimmenden Elemente waren, traten nun Angst und Ungewissheit. Angst um den geliebten Mann und Ungewissheit, wie es weiter gehen sollte, zutage.
Trotz des kurzfristigen finanziellen Erfolges lag eine bedrückende Stimmung in den Räumen, denn Constanze wusste nicht, wie Sie auf Dauer den Lebensunterhalt für sich und die Kinder, aufbringen sollte. Nur reiche Witwen hatte eine Chance, nochmals geheiratet zu werden. Das waren düstere Aussichten.
Man wusste nicht, was im nächsten Moment geschehen würde und was dann zu tun sei.
Constanze hörte Wolfgang mit leiser Stimme rufen. Sie betrat das Schlafzimmer und erschrak beim Anblick Ihres geliebten Gatten,

aber Sie musste stark bleiben und wollte sich nichts anmerken lassen. Sie musste Ihre Rolle als fürsorgliche Ehefrau spielen.

„Bring mir den Taktstock", sagte er kaum vernehmbar, ich muss die Uraufführung der „magischen Harfe" dirigieren.

Konstanze hörte es mit schaudern, brachte Ihren Mann aber den Taktstock, den er nur mit großer Anstrengung in die Höhe halten konnte.

Constanze blieben bei diesem traurigen Anblick die Worte im Hals stecken.

„Jetzt hörst du es", das klinget so herrlich, das klinget so schön, la, la. Und jetzt Tamino, Arie Nr. 3, dies Foto ist bezaubernd schön, wie noch kein Auge je gesehn...."

Und dann hörte sie leise, wie ihr Mann das Communio, den letzten Teil des Requiems sang:

Ewiges Licht leuchte ihnen, Herr,
Mit deinen Heiligen in Ewigkeit,
Denn du bist gnädig.
Ewige Ruhe schenk ihnen, Herr,

Und fortwährendes Licht leuchte ihnen
Mit deinen Heiligen in Ewigkeit,
Denn du bist gnädig.
„Wolfi, lass das bitte sein, du strengst dich zu sehr an, sei bitte still", sagte sie voller Sorge. „Leg dich bitte hin und versuche zu schlafen. Ich mache dir ein paar feuchte Umschläge, beruhige dich bitte. Ich lege dir noch ein Daunenkissen unter den Kopf. Hast du noch einen Wunsch, den ich dir erfüllen kann", fragte Sie. In Ihrer Stimme lagen eine tiefe Niedergeschlagenheit und Bitternis, denn Sie schätzte die Situation richtig ein. Es war sehr ernst.
„Den achten Teil, das Ende des Requiems habe ich Bittermüller noch nicht diktiert. Hast du gehört, was ich gesungen habe, welchen Gesang zur Kommunion erklingen soll. Gibt das bitte an Bittermüller weiter. Hast du behalten, was ich gesungen habe.
„Ja" log sie, um ihren Mann nicht aufzuregen.
„Hör doch, die magische Harfe. Die Königin

der Nacht singt:" Oh zittre nicht mein lieber Sohn, du bist unschuldig, weise, fromm, ein Jüngling, wie du vermag am besten, dies tief getrübte Herz zu trösten. Hör doch wie schön."

Wolfgang zitterte auch.

"Hört doch nur die " Magische Harfe", hörst du es.

Es wird ein großer Erfolg werden, das spüre ich. Jetzt kommt der Auftritt des Prinzen und danach der Jäger "bin ich ja ...... " "Wirklich, gut gelungen. Das wird uns Einnahmen bringen!"

Wolfgang sackte zurück.

Sein Kopf lag auf dem weichen Kissen. Er röchelte stark und aus seinen Augen war der vitale Glanz gewichen. Sein Gesicht war stark abgemergelt, fleckig und blass.

Einige Freunde hatten sich sorgenvoll, um sein Todesbett versammelt.

Die Nase spitz und lang. Das Haar spröde und brüchig. Er hatte die Augen geschlossen, so als spräche er mit dem Herrn und Gott.

Constanze schmerzten die Worte ihres geliebten Mannes, er fantasierte und hatte Fieber, alle Energie war verschwunden.
Er merkte nicht mehr, wie seine Schwägerin Sophie, die Bettdecke noch mal richtete und seinen Kopf auf dem weichen Kissen platzierte.
"So ist es bequemer Wolfgang", sagte Sie.
Man hörte erneut diesen durchgehenden, *monotonen Ton, der die Räume durchflutete und eine Angst einflößen konnte.*
Nicht von ihm.

Er brach plötzlich abrupt ab.

Stille.

War er tot.

Konstanze rief ", Wolfgang wach auf, du musst das Werk noch vollenden, obwohl sie genau wusste, dass Meister Zart tot war und er nie mehr ein Werk vollenden konnte.
Was soll ich nur ohne dich tun, sagte Sie und wusste, dass Ihre Worte ins Leere gingen.

Sie merkte, dass Ihre Worte Wolfgang nicht mehr erreichten. Sie strich Ihrem Mann, zärtlich über das spröde Haar, so wie sie immer getan hatte, wenn sie ihn beruhigen wollte. Sie beugte sich zu einem Kuss nach vorne und schloss seine Augen.

"Wolfi ich danke dir, für alles, was du für uns getan hast. Ich liebe dich. Möge dich Gott in sein Reich aufnehmen und dir deine Sünden verzeihen.

Vielleicht sehen wir uns eines Tages wieder.

Sie hoffte, er würde diese Liebeserklärung hören.

Tränenüberströmt rief Sie nach Ihrer Schwester, Sie solle schnell den Pfarrer holen, damit Wolfgang noch die "Letzte Ölung", empfangen könne.

„Schnell lauf los, ich bin nicht im Stande. Es ist hier nicht wichtig, ob Meister Zart noch die Sterbesakramente erhielt oder nicht,

denn eine knappe Stunde nach Mitternacht, am 5. Dezember, entwich Wolfgangs Seele dem geschwächten Körper.
Wolfgang wurde nur 36 Jahre alt, er hätte uns noch viele schöne Werke schenken können. Sein Sterbenskampf dauerte 15 Tage, soweit man den Aufzeichnungen trauen kann.
Vincenz Barfuss von St. Stefan, vom Hauptpfarramt in Wien bescheinigte den Tod von Meister Zart der am rheumatischen Fieber, ausgelöst von Streptokoppen gestorben war.

Auch wenn dieser bedeutende Komponist, relativ jung sterben musste, so steckt in seiner Musik dennoch ein Hauch von geheimnisvoller Ewigkeit, die so einmalig ist und ihn unvergessen macht, weit über seinen Tod hinaus. Es ist eine außergewöhnliche Musik, die er geschaffen hat, die neue, bis her nicht gekannte Maßstäbe setzte und ein neues Musikuniversum aufgestoßen hat.

Erst nach seinem allzu frühen Tod hat die Nachwelt richtig erkannt, welch großes Genie am 5. Dezember gestorben ist. Man kann sich dieser Musik, welche die Todesangst des Komponisten widerspiegelt und die Hoffnung auf Erlösung manifestiert, kaum entziehen und möchte es auch nicht. Meister Zart wird in uns weiterleben.

"Das Herz adelt den Menschen."

Anmerkung.

Diese Geschichte ist frei und fiktiv nacherzählt und beruht auf eine der vielen Mythenbildungen, die die Person von Wolfgang Amadeus Mozart betreffen.

Von Anfang an war das Requiem von Mozart in d-Moll KV 626, Mozarts letztes Werk von Legendenbildung geprägt, wohl weil es sein letztes Werk war, ausgerechnet ein Requiem über deren Vollendung er den Tod fand. Mit KV 626 endet das Köchelverzeichnis.

Diese Legendenbildung geht u a auf Richard Rochlitz in einer Anekdotenreihe zur Biografie von Mozart zurück in Allgemeiner musikalischer

Zeitung 1 (1798/1799 Sp.147-151, 178). Rochlitz schreibt u a: Die letzte Zeit seines Lebens, da er schon an einem kränkelnden Körper und besonders an so äußerst leichter Reizbarkeit der Nerven litt, wurde er [...] besonders viel von Todesgedanken beunruhigt. [...] Als er eines Tages auch in solche schwermütigen Phantasien versenkt da saß, fuhr ein Wagen vor und ein Fremder ließ sich melden.

Er nahm ihn an. Ein etwas bejahrter, ernsthafter, stattlicher Mann, von sehr würdigem Ansehen, den weder er noch seine Gattin kannte - trat herein. Der Mann begann:

'Ich komme als Abgesandter eines sehr angesehenen Mannes zu Ihnen' -

'Von wem kommen Sie?' fragte Mozart.
'Der Mann wünscht nicht gekannt zu sein' -
'Gut - was verlangt er von mir?'
'Es ist ihm eine Person gestorben, die ihm sehr teuer ist und ewig sein

wird; er wünscht alljährlich ihren Todestag still aber würdig zu feiern, und bittet Sie ihm dazu das Requiem zu komponieren.'
Mozart war durch diese Rede, durch das Dunkel, welches über die ganze Sache verbreitet war, durch die Feierlichkeit des Tons des Mannes, bei seiner jetzigen Gemütsstimmung, schon innig ergriffen, und versprach das Verlangte zu tun.

Diese Geschichte habe ich oben aufbereitet.

Bei Rochlitz sprach der Bote und Mozart folgendes: Ich komme als Abgesandter eines sehr angesehenen Mannes zu Ihnen' -
'Von wem kommen Sie?' fragte Mozart.
'Der Mann wünscht nicht gekannt zu sein' -
'Gut - was verlangt er von mir?'
'Es ist ihm eine Person gestorben, die ihm sehr teuer ist und ewig sein wird; er wünscht alljährlich ihren Todestag still aber würdig zu feiern, und bittet Sie ihm dazu das Requiem zu komponieren.'
Mozart war durch diese Rede, durch das Dunkel, welches über die ganze Sache verbreitet war, durch die Feierlichkeit des Tons des Mannes, bei seiner jetzigen Gemütsstimmung, schon innig ergriffen, und versprach das Verlangte zu tun.

So viel zu der Darstellung von Rochlitz. Über das Requiem selbst, ist bereits viel geschrieben worden. Auch das Mozart das Requiem nicht mehr aus eigner Kraft vollenden konnte Joseph Leopold Edler von

Eybler und wohl in erster Linie sein Schüler Franz Xaver Süßmayr vollendete im Auftrag von Constanze das Werk.

Es ist ein Auftragswerk. Auftraggeber war Franz de Paula Anton Reichsgraf von Walsegg, daran besteht kein Zweifel. Zum ersten Todestag seiner geliebten Frau, die sehr früh mit 20 Jahren verstorben war, beauftragte er über einen Mittelsmann ein Requiem zu komponieren, um es später als sein eigenes Werk auszugeben. Er erhielt die Hälfte des Honorars im Voraus.

Mozart wandte sich aus rein praktischen und finanziellen Gründen in den letzten Lebensjahren vermehrt der Kirchenmusik zu. Warum er gerade, dann starb, als er ein großes Kirchenwerk komponieren sollte, ist wohl eher seinem geschwächten Gesundheitszustand als irgendwelchen anderen Dingen zuzuordnen. Ist aber doch seltsam.

Er wurde auch nicht vergiftet, dafür gibt es keine Belege. Weil Mozart zu dieser Zeit schon erheblich krank war, musste das bestellte und schon zur Hälfte bezahle Requiem unter Zeitdruck und ständigen Unterbrechungen komponieren. Er war, weil er nicht weiter kam oft betrübt und beauftragte seinen Schüler Süßmayer, die Komposition zu überarbeiten.

Er verzichtete wohl auch aus diesem Grund auf die Vertonung von Graduale also auf den Zwischengesang und dem psalmodischen Gesang Tractus. Es kann aber auch ein anderer Grund gewesen sein. Vielleicht dachte er, das Werk wäre so ausreichend genug, denn sein Auftraggeber hatte doch ohnehin von der Textgestaltung eines Requiems keine Ahnung.

Wir wissen es nicht.

Das Mozart im Dezember 1791 schwer erkrankte ist bekannt. Wie weit er mit dem Requiem selbst kam, habe ich oben geschildert, das entspricht den Tatsachen.

Das Lacrimosa, der tränenreiche Teil des Werks musste er nach acht Takten abbrechen es blieb unvollendet. In den 60 er Jahren wurde eine Amen-Fuge die offenbar die Sequenz, also die zeitliche Abfolge nach dem Lacrimosa hätte beenden sollen.

Nun, ja das kann man glauben oder nicht. Ist aber hier nicht weiter von Bedeutung.

Constanze war sehr daran gelegen, dass das Werk vollendet würde, weil man schon die Hälfte des Honorars bekommen hatte und die Summe nicht zurückzahlen wollte, sondern lieber den vollen Kaufpreis kassieren wollte.

Was tun.

Es beauftragte deshalb Eybler und Süßmayer, das Werk so zu vollenden, dass jeder glauben würde, der große Meister hätte es komponiert. Was nun wer tatsächlich fertigstellte, ist zum Teil umstritten. Süßmayer komplettierte das Werk und vollendete auf das Lacrimosa. Diese erforderlichen Ergänzungen wurden direkt in Mozarts- Original Partitur eingetragen.

Weil die Einträge der beiden Helfer von Mozarts Schrift abwichen, entstanden zwei Partituren. Eine Arbeitspartitur und eine Ablieferungspartitur.

Die Ablieferungspartitur wurde durch Süßmayer mit einer gefälschten Unterschrift von Mozart versehen und auf 1792 datiert und dann den Boten so übergeben.

Es sollen neben den beiden, weitere Komponisten an der Vollendung des Werkes beteiligt gewesen sein. Das ist aber nicht bewiesen.

Auf der Partitur Seite der Ablieferungspartitur ist in Mozart Hand schrift rechts oben die Unterschrift und der Vermerk:" di me W.A. Mozart mppr.1792 geschrieben, was so viel heißt:2 (de me = von mir; mppr= manu propria=eigenhändig)

Wollte Mozart unbedingt, dass es so aussehen würde, als ob er noch 1792 gelebt hätte, wo er doch am 5. Dezember 1971 verstorben war, oder hatte es andere Gründe so zu tun.

Mozart hatte das Datum 1792 nicht auf die Partitur geschrieben, sondern Süßmayer hatte, wie Handschriftanalysen deutlich zeigten, den Vermerk oben in der Partitur gefälscht.

Nach der Veröffentlichung entbrannte ein großer Streit, ob Mozart überhaupt der Urheber des Werkes sei.

In der Geschichte von Rochlitz, um die es hier hauptsächlich ging, ist von einem grauen Boten aus dem Jenseits die Rede. Ich habe diese Geschichte aufgegriffen und ausgeschmückt. So kann es gewesen sein, denn Rochlitz, hat es auch tatsächlich, nicht selbst erlebt.

Man kann sich an der Mythenbildung Mozarts beteiligen, es kommt immer etwas Wahres und bisher nicht Bekanntes ans Licht. Allein seine herrliche Musik ist für ausschlaggebend und inspirierend zugleich.

Was die eigentliche Todesursache anbelangt, gibt es in der Literatur viele unterschiedliche Auslegungen. Die Spekulationen gehen von Blattern bis Alzheimer bis zur Vergiftung und Syphilis und weiteren Todesursachen. Das kann niemand beurteilen. Beurteilen können wir indes, dass Mozart während der Komposition, seines letzten Werkes, dem Requiem neben weiteren 625 Werken in seinem doch kurzen Leben, schwer erkrankte und starb und viele fragen sich, warum geschah es ausgerechnet, während der Komposition zum Requiem in d-Moll.

Darauf gibt es keine Antwort.

Joachim Schroetter

AnhangDies sollen die letzten selbst geschriebenen Noten, von Mozart sein. (BR Klassig)

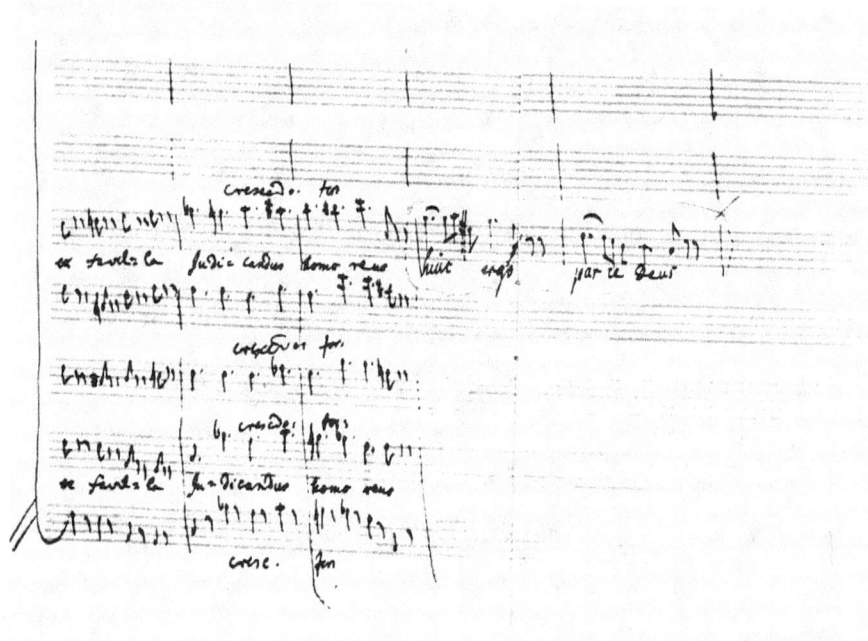

Fest steht nur, dass Mozart zu diesem Zeitpunkt sehr krank und schwach war und ihm die Feder geführt werden musste. Eigentlich ist das unwichtig. Das Requiem als solche ist für die Nachwelt vorhanden.

Unten Totenschein von Wolfgang Amadeus Mozart, Wien, 5. Dezember 1791 ausgestellt von Vincenz Barfuß. Wien 16. Juli 1847.(Quelle Stiftung Mozarteum, Salzburg)

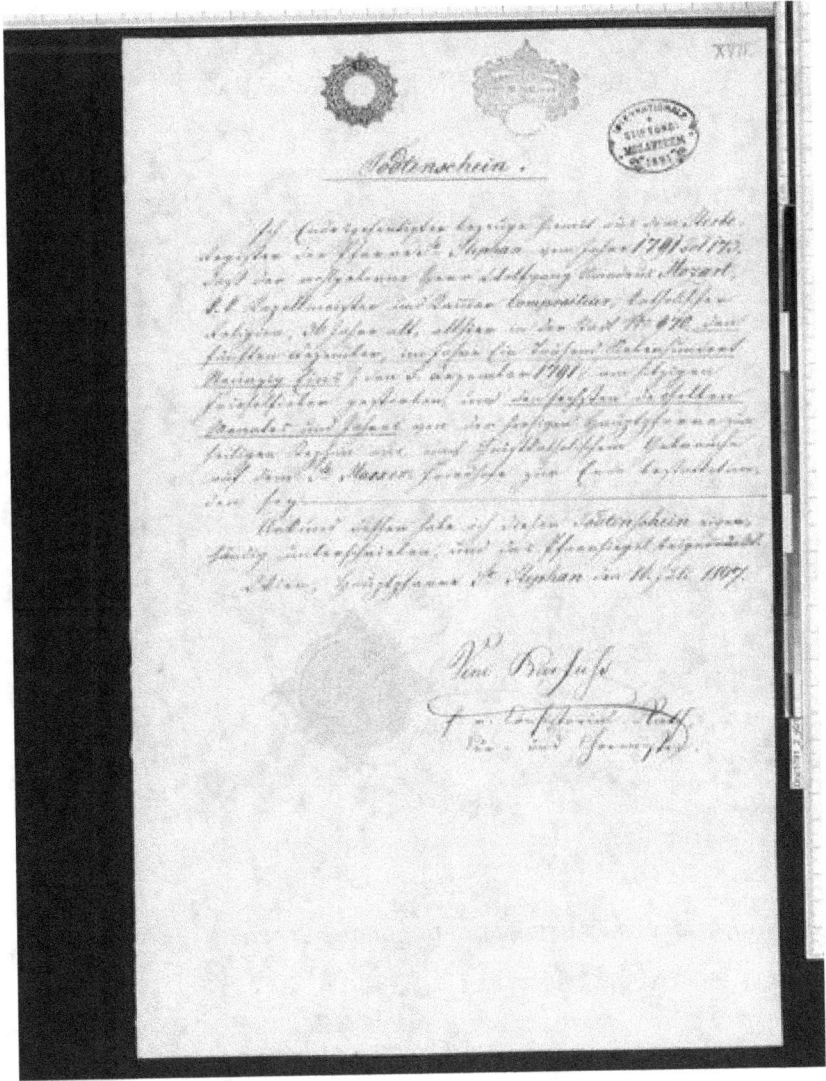

Mozart auf dem Totenbett. Die Familie und Freunde (Foto Österreichische Nationalbibliothek

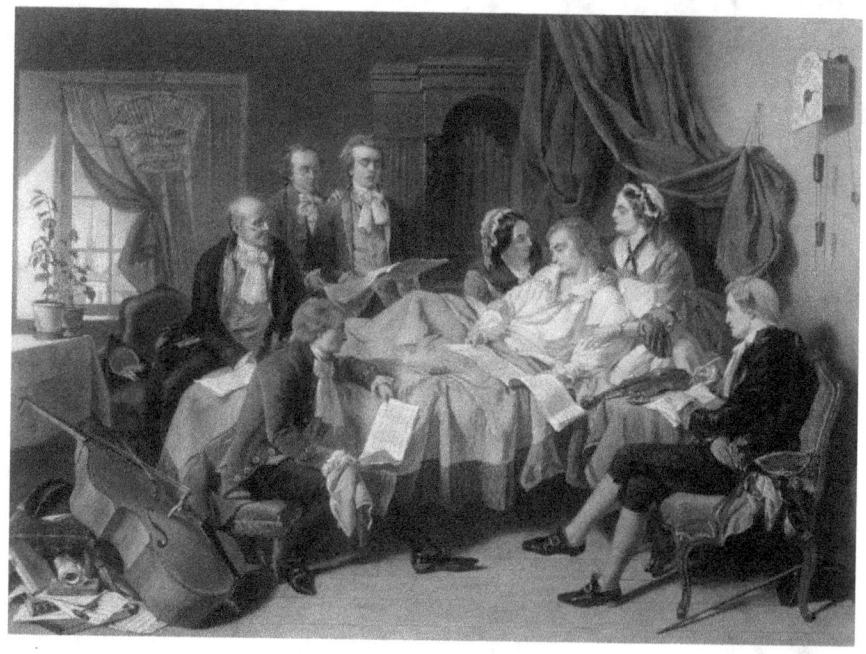

Titel: „Mozarts letzte Augenblicke auf dem Sterbebett". (Holzstich von R. Bong nach Henry O Neil, um 1900.)

www.ingramcontent.com/pod-product-compliance
Lightning Source LLC
Chambersburg PA
CBHW070251220526
45465CB00004B/1584